예수님께
소통을
배워라

예수님께 소통을 배워라

ⓒ 생명의말씀사 2015

2015년 8월 20일 1판 1쇄 발행

펴낸이 | 김재권
펴낸곳 | 생명의말씀사

등록 | 1962. 1. 10. No.300-1962-1
주소 | 서울시 종로구 경희궁1길 5-9(110-062)
전화 | 02)738-6555(본사)·02)3159-7979(영업)
팩스 | 02)739-3824(본사)·080-022-8585(영업)

지은이 | 김은성

기획편집 | 유선영, 서지연
디자인 | 김혜진, 윤보람
인쇄 | 영진문원
제본 | 정문바인텍

ISBN 978-89-04-22001-4 (03230)

저작권자의 허락없이 이 책의 일부 또는 전체를
무단 복제, 전재, 발췌하면 저작권법에 의해 처벌을 받습니다.

프 롤 로 그

　나는 '스피치 커뮤니케이션'이라고 하는 다소 생소한 분야에서 2006년 우리나라 1호 박사학위를 받았다. 스피치 커뮤니케이션은 휴먼 커뮤니케이션의 일부분으로 사람과 사람 사이의 소통, 대화, 스피치에 대해 연구하는 학문이다. 현직 아나운서, 뉴스 앵커로서의 역할도 하고 있지만, 기업에서 CEO, 임원 대상 스피치와 커뮤니케이션 관련 컨설팅, 코칭, 강의를 주로 하고 있다. 특히 삼성경제연구소 SERI CEO에서 지금까지 5년 넘게 강의를 하면서 다양한 유형의 사례를 보게 되었다. 커뮤니케이션 관련 서적도 10여 권 집필했고 대학원에서 객원교수로 학생들을 가르친다. 하지만 소통 전문가인 나도 매일 소통에 대해 고민하고 불통에 잠을 못 자며 괴로워하기도 한다. 그만큼 소통과 커뮤니케이션은 어려운 과정이다. 결코 삶은 내 뜻대로 되지 않는다. 노력하지 않는다면….
　교회 내 소통 관련 집필 요청을 받고 많이 고민했다. 스피치와 소통에 대한 강의와 컨설팅을 하고 있는 나지만 감히 교회 안의 모습을 판단하기가 두려웠기 때문이다. 아마 부족하고 실망스러운 신앙생활을 하고 있기 때문에 망설여졌다는 것이 더 정확할 것이다.

하지만 용기를 낸 것은 나의 부족한 작은 의견이 조금이나마 도움이 되고자 하는 마음이 있었기 때문이다. 누군가를 배려하기 전에 자신이 건강한 것이 중요하다. 즉, 심신의 면역력이 전제되어야 다른 사람과 소통할 수 있는 여력이 생긴다. 이것은 수많은 기업에서 컨설팅과 연구를 통해 얻은 결과다. 결국 나와의 소통의 핵심은 자존감인데 이 자존감은 예수님 안에서 완전하다. 예수님과의 관계 회복이 바로 나 자신의 진정한 회복인 것이다.

교회 안에서 소통하고자 노력하는 모습이 많이 보였으면 좋겠다. 부흥회, 회의, 만남의 횟수가 중요한 것이 아니라 서로 공감대를 형성하는 모습이 얼마나 많이 있는지가 중요하다. 이미 이렇게 잘 소통하는 교회도 많이 있지만 그렇지 못한 교회는 다른 사람들을 실족하게 할 수 있으므로 조심해야 한다. 하나님이 주신 자존감을 바탕으로 열심히 소통하고자 노력하는 크리스천이 되어야 할 것이다. 모든 일은 하나님이 다 하신다는 생각보다는 하나님께 속한 것인 소통을, 우리 스스로 실천하는 것이 필요하다. 본문에서 언급하겠지만 가정, 직장, 공동체, 교회 안에서의 소통의 원칙은 거의 유사하다. 중요한 것은 그것을 알고 실천하는 것이다. 단순히 머릿속으로 공감, 배려하는 것이 아니라 무엇이 공감, 배려인지 정확히 알고 생활 속에 적용하는 것이 필요하다. 예수님께서 열두 제자를 체계적으로 가르치신 것처럼 우리도 하나님의 소통 사역을 알고 실천하는 것이 정말 중요하다.

바로 나부터 실천하고자 끊임없이 노력할 것이다. 아무쪼록 교회 안에서 이루어지는 소통에 조금이나마 도움이 되길 간절히 기도한다.

CONTENTS

프롤로그   5

1 ___ 소통의 시작   10

1. 소통의 하나님
2. 소통이란
3. 소통의 출발

2 ___ 소통의 1단계   34
: 회복 - 관계를 리셋하라

1. 신뢰
2. 자존감
3. 일치적 소통
4. 분노 관리

3 ___ 소통의 2단계   72
: 공감 - 상대의 언어를 써라

1. 최고의 공감
2. 오바마의 침묵
3. 공감을 돕는 방법

4 ____ **소통의 3단계**　　　106
: 관계 맺기 - 황금률을 지켜라

　　1. 관계의 힘
　　2. 한 사람과의 깊은 교제
　　3. 적절한 거리와 건강한 관계

5 ____ **소통의 4단계**　　　124
: 대화 - 주파수를 맞춰라

　　1. 준비 단계
　　2. 공감 스피치의 기술
　　3. 질문의 기술
　　4. 갈등 해소의 기술
　　5. 설득의 기술

6 ____ **예수님께 배우는**　　　180
　　　　소통의 기술

　　예수님의 소통과 코칭
　　소통 잘하는 교회가 되려면

에필로그　222

1

소통의 하나님
소통이란
소통의 출발

소통의 시작

예수님께 소통을 배워라

1. 소통의 하나님

우리는 아침에 눈을 뜨면서부터 잠자리에 들 때까지 늘 누군가와 대화를 한다. 여자는 하루에 2만 단어를 사용하기 전에는 잠들지 않는다고 하지 않던가? 이처럼 늘 우리는 커뮤니케이션을 한다. 커뮤니케이션, 소통이란 용어 자체는 새로울 것이 없고 일상에서 늘 공기처럼 존재한다. 하지만 또 생각해 보면 소통은 친숙한 단어지만 똑 부러지게 설명하기가 쉽지 않은 영역인 것 같다. 그럼에도 소통의 문제가 학문으로까지 다뤄진다는 점에서 소통의 문제는 우리에게 그만큼 절실한 문제이기도 하다. 그렇다면 이른바 소통 전문가로서 나는 소통에 전혀 문제가 없는 사람일까? 결론적으로 전혀 그렇지 않다. 소통은 이론에 머물 수 없는 영역이고 유기적인 관계를 통해 이뤄지기 때문에 아는 것이 곧 답이 될 수는 없다. 그렇지만 소통의 문제를 부단히 다루고 훈련을 통해 소통 잘하는 사람으로 변화되는 과정에 있는 것은 분명하다.

우선 소통은 하나님께 속한 것이다. 소통을 다루면서 뜬금없이 하나님을 거론하는 것이 다소 생경스러울 수 있겠다. 하지만 하나님의 자녀 된 크리스천으로서 이 피조세계를 경험하고 공부할수록 하나님이 얼마나 소통의 대가이시고 소통의 창조주이신지 깨닫게 된다. 하나님의 창조사역은 매우 균형적이고 소통의 틀에서 해석되는 부분이 많다. 6일 동안 창조된 우주와 땅과 하늘, 그리고 동식물과 인간은 그 누구도 흉내 낼 수 없는 정교한 질서 아래 조화를 이루고, 서로서로 긴밀하게 소통하도록 창조되었다. 창조 당시 창조물들은 각자 자신을 주장하는 것이 아니라 이웃하는 피조물들과 조화롭게 어우러지고 질서 있게 소통하고 있었음을 짐작할 수 있다. 그런 과정을 통해 창조자인 하나님이 "보시기에 좋았더라" 하고 말씀하셨을 것이다(창 1:30-31). 그 질서 안에서 인간은 하나님의 형상대로 지음을 받아 그분을 대신하여 이 땅을 다스리고 번성할 것을 약속받았다.

> "하나님이 그들에게 복을 주시며 이르시되 생육하고 번성하여 여러 바닷물에 충만하라"(창 1:22).

하지만 안타깝게도 인간이 세상을 다스리고 충만하게 번성할 수 있는 기회, 하나님과 친밀하게 교제하고 소통할 수 있는 기

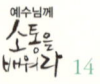

회가 죄로 인해 큰 손상을 입었다. 불통의 고리를 만든 것이다. 하나님의 낯을 피하여 숨은 첫 인간 아담과 하와는 결국 가릴 것이 없었던 하나님과의 소통을 피해 숨은 것이나 다름없다. 그뿐인가. 서로를 탓하며 책임을 전가하기 바빴던 아담과 하와도 서로 소통의 장벽을 맞닥뜨려야 했다. 오늘날 우리의 모습과 하나도 다르지 않다. 하나님과 사람 사이의 불통, 사람과 사람 사이의 불통 문제의 근원은 에덴동산에서부터 시작된 것이다. 그럼에도 불구하고 먼저 소통의 길을 마련해주신 분은 다름 아닌 하나님이셨다. 문제 해결의 능력이 애초부터 없는 인간은 스스로 어찌할 수 없었고 대신 하나님께서 독생자를 희생하시면서 끊어진 관계를 이어주신 것을 우리는 너무 잘 알고 있다.

우리가 사는 세상에서 마주하는 모든 소통의 중심에 하나님이 계심을 기억해야 할 것이다. 하나님은 늘 인간과의 소통을 원하신다. 그분께로 가는 문은 언제나 열려있다. 사람들이 자신을 찾아 기도하고 소통하기를 기다리고 바라신다. 또한 사람과 사람, 사람과 자연 사이에 다툼이 아닌 아름다운 소통을 바라신다. 가인과 아벨의 사건에서 보듯이 다툼에 대한 하나님의 입장은 명확했다. 또한 아브라함, 모세와 같이 하나님이 택한 사람들과도 늘 소통의 문을 열어놓으셨다.

예수님의 공생애는 끊임없는 소통의 시간이었다. 예수님은 대중들과 소통하며 진리 전파를 위해 애쓰셨다. 거리에서, 들판에서, 성전에서 예수님은 말씀을 증거하셨다. 그 과정은 대중과의 소통의 시간이었다. 특히 제자를 양성하는 과정은 일종의 코칭 과정으로서 부족한 인간이 어떻게 하나님의 종으로 세워져 가는지 보여주고 있다.

소통은 하나님께 속한 것이다. 예수님이 이 땅에 오신 것도 하나님이 죄의 문제를 해결해주시고 인간과 소통하기 위해서였다. 특히 예수님의 사역 속에는 소통의 진수가 들어있다. 하나님이 소통이시므로 하나님의 공동체는 반드시 소통이 있어야 한다. 바른 소통의 법칙대로 소통해야 한다.

우리는 사회에서 수많은 스트레스를 받는다. 내가 기업에서 소통과 관련된 많은 강의를 하는 것은 그만큼 소통이 되지 않기 때문일 것이다. 교회 안에서도 마찬가지다. 교회 안의 불통 문제로 고통을 겪는 일들이 얼마나 많은가. 어떤 문제가 자라고 있는데도 그저 '하나님이 다 하신다'며 성급히 신앙과 믿음의 문제로만 덮으려고 하지는 않는지. 그리고 가장 원만한 소통이 이루어질 것 같은 공동체지만 때로 불통의 씨앗이 자라고 쓴 뿌리를 깊이 내리는 안타까운 현실을 우리는 또 얼마나 자주 경험하는가.

하나님께서 세우신 교회와 가정, 그리고 우리 한 사람 한 사람은 소통에 대한 해답을 이미 가지고 있다. 가지고 있는 해답을 적절하게 활용하고 실천하는 것이 우리의 숙제다. 크리스천이 살아가는 삶의 현장, 그리고 성도들이 함께 동역하는 교회 공동체에서 우리는 무슨 일을 하든, 어떤 문제를 만나든 피차 소통의 끈을 잘 부여잡고 헤쳐나가는 법을 배워야 할 것이다. 하나님은 사람을 통해 일하시고 사람들과 함께 일하시기를 원하신다.

하나님과의 관계가 좋았던 에덴동산을 생각해 보자. 옷을 입지 않았지만 부끄럽지 않고 소통에 전혀 문제가 없었다. 하나님과의 관계도 원활하고 사람과의 관계도 좋았다. 소통은 하나님께 속한 것이기에 하나님이 함께하시는 곳이 곧 소통의 공간이다. 하나님께서 일반 은총을 통해 우리가 살아가는 이 사회에도 동일한 법칙으로 역사하시고 우리가 하나님의 뜻을 잘 배워가기를 바라신다. 이 책을 통해 우리 자신부터 함께 소통 잘하는 사람으로 훈련되고 자라서 세상을 섬기고 하나님을 기쁘시게 하는 자녀들로 변화되기를 진정으로 바란다.

2. 소통이란

　우선 소통이 무엇인지 살펴보자.
　첫 번째, 소통은 물이 흘러가듯 자연스러운 것이다. 나의 의도와 마음이 메시지화 되어 상대방에게 물 흘러가듯이 자연스럽게 전달되는 것을 말한다. 그런데 여기에서 우리가 주목해야 할 것이 있다. 보통 나의 메시지가 흘러가는 것에만 집중하는데 사실 중요한 것은 상대방의 메시지가 잘 들어올 때 내 메시지도 상대에게 잘 전달된다는 점이다.
　우선 내 안에 상대방의 의도와 마음이 들어와야 한다. 어떤 사람은 말을 많이 하지만 설득이 잘 되지 않는다. 그런데 어떤 사람은 몇 마디 말만 했을 뿐인데 설득이 잘된다. 그 차이는 무엇일까? 그것은 바로 연결고리 즉, 통로 만들기의 차이다. 공감대의 차이라는 것이다. 결국, 물이 잘 흘러가기 위해서는 상대방의 마음에 연결고리, 공감대를 만들어야 한다. 그럼 이 연결고리를 만들기 위해서는 어떻게 해야 할까? 뻔한 이야기 같지만 우리가 잘 지키지 못하는 것이 바로 경청과 관찰이다. 이것을 잘하는 사람이 연결고리, 공감대 형성을 잘한다.

내가 만난 한 CEO의 이야기를 해 보겠다. 그는 첫인상부터 좋지 않았다. 무뚝뚝해 보였고 차가웠다. 그런데 인사를 나눈 그 순간 하회탈 미소를 지으며 배려와 따뜻함이 느껴지는 말을 하는 것이었다. 사실 그의 스피치 그 자체로는 서툰 점이 많았다. 경상도 사투리에 어색한 동작, 그리고 했던 말을 반복하고 앞뒤 맥락이 매끄럽지 않은 것 등 뭔가 지적할 점이 많았다.

그런데 시간이 흐르면서 그에게 특별한 점이 있다는 것을 발견했다. 투박하지만 상대를 배려하는 태도와 몸짓, 그리고 나름 세심한 점이다. 그는 비록 화려한 스펙은 없었지만 만나는 사람, 관계를 맺는 이들에게 성실하게 대했고 정을 표현할 줄 아는 사람이었다. 설령 누군가 자신을 이용하고 등을 돌린 순간에도 소처럼 우직하게 자신의 자리를 지켰다. 임원이 된 후부터는 부하 직원들과의 면담 노트를 작성하며 사람 자체에 대한 애정과 관심을 놓지 않았다는 것을 알 수 있었다. 비록 스피치의 기술은 떨어지지만 진정성 있는 그의 태도와 말은 진실하게 전달되고 그의 영향력은 커질 수밖에 없었다. 그는 공감대를 형성하는 법을 스스로 터득하고 있었다.

악어가 2억 년이 넘도록 지구촌에서 생존할 수 있었던 비법 중 하나는 아침에 일어나서 자기의 늪지대에 들어오는 길이 막혀 있는지 아닌지 확인하는 행동으로 하루를 시작하는 것이다. 당신은 다른 사람의 메시지와 마음을 막힘없이 듣고 있는가? 들을 준비가 되어 있는가?

두 번째, 소통은 차이를 인정하는 것인데 여우와 두루미 우화를 생각해 보자. 어느 날 여우가 허기진 두루미를 집으로 초대했다. 그리고 넓은 접시에 음식을 대접했다. 그런데 긴 부리를 가진 두루미는 도저히 먹을 수가 없었다. 열 받은 두루미는 다음날 여우를 초대해서 긴 호리병에 음식을 대접했다. 여우 역시 아무것도 먹지 못했고 결국 둘은 원수가 되었다.

둘 중에 누가 더 나쁜가? 누가 더 나쁘다고 할 것도 없지만 우선 불화의 원인은 여우가 먼저 제공했다. 서로 다른 두루미와 관계를 맺고 소통하고자 했는지 모르지만 둘의 차이는 인정하지 않았다. 인정하지 않은 것인지 못한 것인지 알 수는 없지만 자신의 방식으로 상대를 생각한 것이다. 그렇다면 두루미는 어떤가. 두루미는 더 나쁘다. 여우가 두루미의 입장을 몰랐는지 의도적으로 골탕을 먹이려고 접시에 음식을 준 것인지는 모르지만 두루미는 그런 배경조차 확인하지 않고 곧바로 복수로 응했다는 점에서 그렇다. 오십보백보이긴 하지만 말이다.

우리의 착각 중 하나는 내가 다른 사람을 잘 알고 있다고 생각

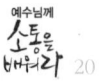

하는 것이다. 누가 어떤 행동을 하면 그 행동을 왜 했는지 쉽게 판단해 버린다. 자신만의 선입견으로 추측하고 결정한다. 우리는 관계에 있어 여우의 우를 범하던지 두루미의 우를 범하게 된다. 소통을 한다는 것은 서로가 다르다는 것을 인정하는 것에서부터 시작한다. 결혼한 부부가 모든 것을 함께하려다 보면 뜻하지 않은 곳에서 충돌을 하게 된다. 연애 시절에는 서로에게 잘 보이기 위해 좋은 모습만 보여 줬지만 결혼 이후에는 그 모든 긴장이 날아간다. 본연의 모습이 드러나는 것이다. 당연히 완벽할 수 없는 서로에게 실망하고 좌절하며 결국 다툼이 이어진다. 부부뿐 아니라 모든 관계에서 내가 너와 다르다는 다름의 인정과 이해는 여전히 모든 사람에게 숙제다.

세 번째, 소통은 결국 공감하는 것이다. 공감은 무엇인가? 소통이라는 단어와 공감을 연결지어 보자. 공감이란 단어가 익숙하기는 하지만 그 의미를 설명하라고 하면 다소 머뭇거리게 된다. 그저 상대방이 느끼는 대로 느끼는 것일까? 내가 다른 사람일 수 없는데 상대방이 느끼는 대로 쉽게 감정이 움직여지는 것일까? 공감은 말처럼 쉬운 것이 아니다. 심리적 동등감을 유지하고 눈높이를 맞추는 작업은 공감의 준비 자세다. 나는 공감이 매우 실천적이며 전략적인 단어라고 생각한다.

이산가족 상봉 행사가 처음으로 생중계되는 날이었다. 수십

년 만에 헤어졌던 가족들을 만나 상기된 사람들을 화면에 담는 생방송이었다. 각 방송사의 베테랑 아나운서들이 현장을 중계하기 위해 분주했다. 한 방송국의 여자 아나운서는 다소 화려한 옷을 입고 테이블을 다니면서 인터뷰를 했다. 그녀는 출연자들 곁으로 가서 "얼마나 좋으십니까?" 하며 그들의 감격스러운 심정을 물었다. 의자에 앉아있는 출연자들을 내려다보는 자세였다. 사실 그런 모습은 방송에서 흔히 볼 수 있는 장면이었다.

그런데 KBS의 모 아나운서 선배가 너무나 수수한 옷차림에 손수건을 든 채로 테이블을 돌며 인터뷰를 하는 모습이 남달랐다. 질문은 같지만 자세가 달랐던 것이다. 감정이 북받치고 잔뜩 긴장한 이산가족들과 일일이 눈을 맞추기 위해 그들 옆에서 무릎을 꿇었다. "얼마나 좋으십니까?" 눈을 맞추며 그들의 마음을 읽고 공감하려는 태도가 역력했고 출연자들은 물론 TV를 통해 시청하는 시청자들의 눈에도 그 모습은 따뜻하게 전달됐다. 공감은 눈을 맞추는 것이다. 다시 설명하면 나의 언어를 사용하는 것이 아니라 상대의 언어를 사용하는 것이다.

한 가지 예화를 보자. 오랜만에 '대화'라는 것을 하기 위해 아빠가 아들을 부른다. 그런데 불러 앉혀 놓고도 솔직히 할 말이 없다. "요즘 공부 잘 되니?" 겨우 입을 뗀 말이다. 아들에게서 신통한 답이 들려올 리 만무하다. 대답 대신 한숨만 푹 내쉬는 아이 앞에서 아빠도 더 이어갈 말이 없다. 꽉 막힌 소통의 벽이 느껴지는 순간이다.

왜 소통이 잘 안 될까? 먼저 상대에 대한 관심이 없기 때문이다. 관심이 있으면 상대를 경청하고 관찰하게 된다. 그러면 질문이 풍성해진다. 그리고 나의 언어를 쓰는 것이 아니라 상대의 언어를 쓴다. 아빠 입장에서 궁금한 것들은 일단 공부를 잘하는지, 나쁜 친구와 어울리지는 않는지, 뭐 그런 것들일 것이다. 그런데 아들 입장에서는 그런 대답하기 난감한 질문을 하는 아빠가 답답하고 야속하다. 내 아빠는 공부 외엔 관심이 없다는 말인가? 대화로 소통의 통로를 만들고자 한다면 우선 상대방의 입장을 살펴야 한다. 아들이 관심 있는 것은 무엇인지 미리 살펴야 하고 정보도 있어야 하며 관찰도 필요하다. 그래야 소통의 물꼬를 틀 수 있다. 당연한 것 아니겠는가. "너 요즘 농구 좋아한다면서? 경기는 언제 했니?" 이 질문 하나가 대화의 흐름을 바꾼다.

또 다른 예화를 보자. 온종일 바깥에서 시달렸던 남편이 집으로 들어온다. 피곤에 절어있는 상태다. 몸은 집 안에 있지만 머릿속은 여전히 직장 일로 복잡하고 어지럽다. 내내 업무에 시달렸더니 배도 너무 고프다. 그런데 아내는 부엌에서 뭘 하는지 식사 시간이 지나가는데도 뭘 먹으라는 소리가 없다. 짜증이 나는 남편은 여태 밥도 안 차리고 뭐하냐고 냅다 소리를 지른다. 아이들 학교 수업에 참관하고 나서 학부모 회의에 참석한 후 부랴부랴 장보고 들어와 어질러진 집 안 구석구석을 대충이라도 치우고 옷도 못 갈아입은 채 부엌에서 분주한 아내는 남편의 일갈에 속이 부아가 치민다. 일은 자기만 하나? 남편은 집안의 가장 노릇을 하기 위해 자신만 고생한다는 생각을 내려놓아야 한다. 아내의 입장과 형편에 대한 공감의 자세가 절실하다. 남편들은 왜 밖에서 그토록 고생하며 일하고도 집에 들어와 말 한마디 잘못해서 본전도 못 찾는지 참 딱할 때가 많다.

너무 자신만의 생각과 세계에 빠져서는 안 된다. 가족 모두 각자의 역할이 있다는 합리적 생각, 무엇보다 상대의 입장이 어떤지 살피고 공감하려는 노력이 있어야 자신도 대접받을 수 있다. 공감력이 상대의 언어를 이해하는 바탕이 된다.

타고난 공감능력

그럼 소통하는 능력은 타고나는 것일까? 후천적일 것일까? 강연을 할 때 이 질문을 하면 대부분 소통 능력이 후천적이라

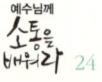

고 답한다. 하지만 70-80%는 선천적이다. 특히 최근에 뇌신경과학이 발달하면서 공감능력이 선천적이라는 연구가 발표되고 있다.

　붉은 털 원숭이 실험도 유명하다. 원숭이 일곱 마리를 각각의 유리방에 집어넣는다. 원숭이들은 서로를 지켜볼 수 있다. 그리고 앞에 끈이 있다. 끈을 잡아당기니 먹을거리가 앞에 떨어진다. 그런데 그러면 7번 방에 있는 원숭이가 약한 전기 충격을 받는다. 자신에게는 먹을 것이 떨어지지만 잡아당긴 끈 때문에 고통스러워하는 동료 원숭이를 보면서 원숭이들은 당황하기 시작한다. 나는 배가 부른데 7번째 원숭이는 전기 충격을 받는 것이다. 원숭이들이 서서히 끈 잡는 것을 두려워하더니 어떤 한 원숭이는 12일 동안 끈을 잡아당기지 않았다. 동료의 아픔을 막기 위해 12일 동안 밥을 먹지 않은 것이다.

　2011년 미국 과학 전문지 '사이언스'에서 쥐도 공감능력이 있다는 것을 밝혀냈다. 쥐 두 마리를 2주 동안 같이 생활을 하게 한 후 한 쥐는 잠금장치에 한 쥐는 밖에 두었다. 그리고 밖에 있는 쥐가 안에 있는 쥐를 구출해 내도록 장치를 만들었다. 쥐가 동료를 구하려는 순간 하늘에서 초콜릿이 떨어진다. 배가 고픈 쥐는 당황한다. 그런데 2주간의 인연 때문인지 쥐의 52%가 주저하지 않고 동료를 구했다. 역할을 바꿨더니 역지사지로 쥐의

80%가 동료를 구했고 암컷은 100%가 초콜릿을 포기했다.

원숭이나 쥐조차도 이러한데 인간은 어떻겠는가. 아기가 태어나자마자 아무런 훈련이나 교육 없이 다른 아기의 우는 소리를 들려주면 그 아기는 같이 운다. 심지어 감정의 기복도 유사하다. 주파수가 같다는 이야기다. 그런데 신기하게도 자기가 우는 소리를 녹음해서 들려주면 반응하지 않는다. 이렇게 우리는 공감능력을 가지고 태어났다.

그런데 왜 시간이 지나고 나이가 들수록 선천적인 공감능력이 떨어질까? 첫 번째 이유는 자신 안에 있는 공감력을 사용하지 않기 때문이다. 한마디로 반응하려 하지 않는다. 강의를 할 때 보면 청중마다 공감에서 오는 반응이 다르다는 것을 알 수 있다. 나이가 들수록, 직급이 높을수록, 남자일수록, 지쳐있을수록, 경쟁이 심할수록 반응이 없다. 같은 내용의 강의를 하더라도 청중에 따라 반응이 달라진다. 당신의 경우는 어떠한가?

어떤 대학원 수업 첫 시간에 한 학생이 질문을 했다. "교수님, 대화는 왜 하는 겁니까?" 철학적인 질문이다. 대화를 왜 하는가? 나는 주저하지 않고 "인정받고 싶기 때문입니다"라고 대답했다. 여러 가지 이유가 있겠지만 대화를 통해 나의 이야기를 지지받고 나의 존재를 확인받고 싶어 한다. 인정의 모습은 반응으로 나타난다. 반응이 있다는 것은 내가 인정받고 있다는 증거다. 그 과정을 통해 대화는 더 활발하게 이루어진다. 어린아이를 보자. 작은 반응에도 민감하게 반응한다. 그런 과정을 통해 상대가 반응을 보이게 되고 자연스럽게 사람을 알아간다. 그리고 사람을 알아가는 힘이 생긴다.

선천적인 공감능력이 점점 떨어지는 두 번째 이유는 우리가 경쟁 시스템 안에서 살기 때문이다. 판돈 1,000달러, 200달러, 그리고 판돈이 걸리지 않은 게임을 다른 사람들과 경쟁하며 하게 한 후 누군가를 도와주는 상황을 연출해보았다. 쉽게 예측할 수 있겠지만 판돈이 클수록 다른 사람을 도와주지 않았다. 적은 액수는 쉽게 포기할 수 있지만 액수가 커지면 그만큼 거기에 집착하고 몰입하게 된다. 그리고 다른 경쟁자들을 의식하여 승부욕이 커지니 다른 데 신경을 쓸 수 없다. 경쟁적인 상황에서는 상대방에 대해 공감하려는 의지가 발동되기 어렵다.

공감하려는 사람의 몸짓은 어떨까? 만약 지금 자녀나 부하 직원, 또는 나보다 아랫사람이 부르면 그때 목만 돌리는가? 아니면 몸 전체가 움직이는가? 우리는 자신의 상황에서 최적의 위치를 찾아 가급적 많이 움직이지 않는다. 그런데 소통을 잘하는 사람은 몸 전체, 특히 배꼽이 상대를 향하게 되어 있다. 배꼽이 상대를 향한다는 것은 내가 당신을 인정하며 소통하고 싶다는 표시다. 즉, 공감하고 싶다는 신호인 것이다. 소통을 위한 공감의 능력을 잠재우지 말자. 우리 안에 이미 그런 능력이 존재한다는 것을 잊지 말자.

3. 소통의 출발

자, 그럼 무엇부터 시작해야 할까? 먼저 나 자신과의 소통, 그리고 타인과의 소통을 보여주는 소통의 삼각형을 기억하자. 소통을 한 축으로 나와 타인과의 균형 즉, 자존감 - 공감력 - 스피치(표현, 대화법)의 균형이 필요하다. 이 3가지 요소 중 하나라도 빠지면 온전한 소통이 될 수 없다.

| 소통의 삼각형 |

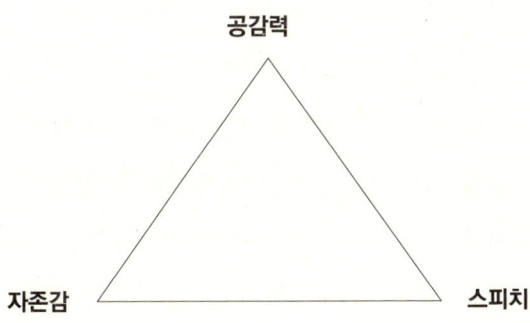

우선 중요한 것은 자신과의 소통을 통한 자존감 회복이다. 먼저 내가 건강해야 한다. 심신의 면역력을 키워야 한다는 것이다. 예를 들어, 집에서 부부싸움을 심하게 했는데 밖에 나와서 다른 사람과 대화를 잘하는가? 그런 사람은 자기밖에 모르는 공감능력이 떨어지는 사람이라고 할 수 있다. 중요한 것은 나의 면역력을 키우는 것이다. 내가 만났던 많은 CEO의 특징은 자기 관리, 특히 감정 관리가 뛰어나다는 점이다. 처음 봤을 때는 잘 모르겠지만 만나면 만날수록 그 자리까지 올라오게 된 이유를 알게 된다. 그중의 하나가 자기 관리다. 결국 나와의 소통을 통해 내가 건강하게 바로 서는 것이다.

그럼 건강하게 바로 서는 것, 심신의 면역력을 높이는 것은 무엇인가? 바로 하나님과의 올바른 관계다. 교회나 목사님과의 관계가 아니다. 하나님과의 관계다. 우리는 교회를 열심히 다니는 것을 보며 신앙생활을 잘하고 있다고 생각할 수 있다. 하지만 이는 필요충분조건이 아니라는 것을 다 알고 있다. 하나님과의 관계가 원만하지 못하면 어떤 문제가 생기는지 성경은 우리에게 말해준다. 다음 장에서 더 자세히 말하겠지만 하나님과의 관계 회복이 나와의 소통을 위한 첫 관문이다. 하나님의 관계 정립 없는 자존감은 자만과 독선일 수 있다. 그리고 하나님과의

소통 없는 공감은 한계가 있을 수밖에 없다. 진정한 자존감은 하나님과의 관계 회복을 통해 자연스럽게 이루어지는 것이며 그런 과정을 통해 다른 사람을 포용하고 공감할 수 있는 자신감과 겸손한 태도를 갖게 된다.

영화 〈킹스 스피치〉를 보면 말더듬이 왕 조지 6세가 나온다. 그는 지독한 트라우마의 소유자였다. 전쟁을 앞둔 시기에 적국의 리더는 바로 히틀러였다. 그는 스피치 관련 서적을 두 권이나 쓴 스피치의 전문가였다. 영화 〈킹스 스피치〉는 조지 6세가 스피치를 배워가는 과정을 보여준다. 그 영화에 스피치 컨설턴트가 나오는데 먼저 발성, 발음을 알려주지 않고 대신 자신이 할 수 있다는 성취 경험과 자존감을 키워주었다.

상대와의 소통은 공감력과 스피치가 필요하다. 전제는 하나님과의 바른 관계가 정립되었을 때 진정한 공감력이 발휘된다고 본다. 내가 건강하지 못한 상태에서 다른 사람을 공감하기는 어렵다. 그리고 이런 경우도 있을 것이다. 자존감도 있고 말을 잘하는데 공감력이 없다면 어떨까? 이것은 일방적인 외침이 된다. 특히 지위가 높거나 나이가 많을수록 자기 이야기만 하게 된다. 통로를 만들지 않고 그냥 나의 메시지만 흘려보내는 것이다. 또 자존감도 있고 공감력은 있지만 제대로 표현하지 않으면 어떻게 될까? 이것 역시 오해를 불러일으킬 수 있다. 그러므로 소통은 나와의 소통으로 시작해서 공감력과 스피치가 반드시 필요하다. 그 균형 안에서 소통은 완성된다.

　소통을 주제로 많은 강연과 코칭, 그리고 컨설팅을 하면서 느낀 것은 가정, 교회, 그리고 직장 내 소통의 대원칙은 같다는 것이다. 이 소통의 삼각형은 모든 소통 상황에 적용된다. 단지 개별적 상황에서 그 적용이 조금 다를 뿐이다. 스킬의 문제이지 원칙이 달라지진 않는다.

예수님께
**소통을
배워라**

2

신뢰
자존감
일치적 소통
분노 관리

소통의 1단계
: 회복

관계를 리셋하라

예수님께 소통을 배워라

1. 신뢰

"여호와께서 아브람에게 이르시되 너는 너의 고향과 친척과 아버지의 집을 떠나 내가 네게 보여 줄 땅으로 가라 내가 너로 큰 민족을 이루고 네게 복을 주어 네 이름을 창대하게 하리니 너는 복이 될지라"(창 12:1-2).

"아브람의 아내 사래는 출산하지 못하였고 그에게 한 여종이 있으니 애굽 사람이요 이름은 하갈이라 사래가 아브람에게 이르되 여호와께서 내 출산을 허락하지 아니하셨으니 원하건대 내 여종에게 들어가라 내가 혹 그로 말미암아 자녀를 얻을까 하노라 하매 아브람이 사래의 말을 들으니라"(창 16:1-2).

"아브라함이 거기서 네게브 땅으로 옮겨가 가데스와 술 사이 그랄에 거류하며 그의 아내 사라를 자기 누이라 하였으므로 그랄 왕 아비멜렉이 사람을 보내어 사라를 데려갔더니 그 밤에 하나님이 아비멜렉에게 현몽하시고 그에게 이르시되 네가 데려간 이 여인으로 말미암아 네가 죽으리니 … 아비멜렉이 그 날 아침에 일찍이 일어나 모든 종을 불러 그 모든 일을 말하여 들려주니 그들이 심히 두려워하였더라 아비멜렉이 아브라함을 불러서 그에게 이르되 네가 어찌하여 우리에게 이렇게 하느냐 내가 무슨 죄를 네게 범하였기에 네가 나와 내 나라가 큰 죄에 빠질 뻔하게 하였느냐 네가 합당하지 아니한 일을 내게 행하였도다 하고 아비멜렉이 또 아브라함에게 이르되 네가 무슨 뜻으로 이렇게 하였느냐 아브라함이 이르되 이곳에서는 하나님을 두려워함이 없으니 내 아내로 말미암아 사람들이 나를 죽일까 생각하였음이요"(창 20:1-11).

하나님이 택한 사람인 열국의 아비 아브라함은 그의 거처를 떠나라는 하나님의 명령에 순종한 사람이다. 하나님과 대화를 나누고 인격체로 교통하는 사이였다. 그럼에도 한때 자기만의 생각 즉, 인간적인 생각으로 행동을 했다. 하나님의 더 좋은 계획을 기다리지 못하고 인간적인 방법을 통해 이스마엘을 낳게 되고, 지역 사람들이 하나님을 두려워하지 않는다는 이유로 자신의 아내를 누이라 한 것이다. 사실 하나님과 매일 만날 수 있다면 그 무엇이 두려울까? 열국의 아비라는 아브라함도 부족한 인간이므로 인간적인 생각을 한다. 인간적인 생각은 하나님과의 관계를 훼손한다. 내 멋대로 하나님의 생각을 판단하고 추측한다. 내 생각이 하나님의 생각이라고 착각하는 것이다.

솔로몬은 어떤가? 지혜의 왕 솔로몬도 하나님과 관계에서 문제가 생기니 실족하게 된다. 믿음의 왕 다윗도 인간적 욕정으로 하나님을 순간 멀리하게 되는 우를 범하게 된다. 하나님의 말씀을 니느웨로 가서 전하라는 명령을 받고도 그것을 지키지 않은 요나의 경우도 마찬가지다. 자기 방식대로 생각하고 판단하게 된다. 성경에 나오는 사람들은 하나님의 음성을 듣고 동행한 사람들이지만, 하나님과의 관계가 흔들렸을 때 그들에게도 문제가 발생했다. 그리고 인생의 최대 위기를 맞게 된다.

나와의 소통은 결국 하나님과의 관계 회복이다. 그럼 하나님과 관계의 핵심은 무엇일까?

양치기 소년 이야기를 보자. 거짓말을 좋아한 양치기 소년이 위기에 처한다. 반복되는 일상이 지루한 나머지 거짓말을 했고 잠깐은 사람들을 속이는 쾌감도 맛보았지만 진짜 늑대가 나타난 것이다. 그는 마을로 뛰어가며 많은 생각을 했을 것이다. '거짓말하지 말걸. 어떻게 마을 사람들을 설득하지? 내 말을 믿어줄까?' 과연 이 급박한 짧은 시간에 마을 사람들을 설득할 수 있는 방법은 무엇일까? 나는 단언컨대 절대로 그 짧은 시간에 마을 사람들을 설득할 수 없다고 생각한다. 왜냐하면 양치기 소년과 마을 사람들 간에 신뢰가 깨졌기 때문이다.

  신뢰는 숲과 같다. 가꾸는 데 상당한 시간과 노력이 필요하다. 하나님과의 관계 핵심은 신뢰다. 하나님은 태초부터 인간에게 신뢰를 바라셨는지 모른다. 의심하지 말고 믿어주는 것, 인간의 머리로 이해할 수 없는 하나님의 세계를 의심하지 말고 믿을 것을 하나님은 인간에게 먼저 요구하셨다. 그러나 인간은 자신의 머리로 이해할 수 없다고, 시간이 너무 오래 걸린다는 변명으로 하나님의 생각을 추측했다. 아담과 하와가 그러했고, 아브라함을 비롯한 많은 사람이 같은 우를 범했다. 신뢰는 믿는 것인데 이는 채널이 있다는 의미이기도 한다. 무작정 믿는 것이 아니라 끊임없는 상호작용을 통해 상대의 마음을 이해하려고 노력하는 것이다. 하나님과의 신뢰라는 통로에 문제가 생기면 인간적인 생각과 시각으로 세상을 바라보게 된다.

  "그때에 예수께서 성령에게 이끌리어 마귀에게 시험을 받으러 광야로 가사 사십일을 밤낮으로 금식하신 후에 주리신지라 시험하는 자가 예수께 나아와서 이르되 네가 만일 하나님의 아들이어든 명하여 이 돌들로 떡 덩이가 되게 하라 예수께서 대답하여 이르시되 기록되었으되 사람이 떡으로만 살 것이 아니요 하나님의 입으로부터 나오는 모든 말씀으로 살 것이라 하였느니라 하시니 이에 마귀가 예수를 거룩한 성으로 데려다가 성전 꼭대기에 세우고 이르되 네가 만일 하나님의 아들이어든 뛰어내리라 기록되었으되 그가 너를 위하여 그의 사자들을 명하시리니 그들이 손으로 너를 받들어 발이 돌에 부딪히지 않게 하리로다 하였느니라 예수께서 이르시되 또 기록되었으되 주 너의 하나님을 시험하지 말라 하였느니라 하시니 마귀가 또 그를 데리고 지극히 높은 산으로 가서 천하 만국과 그 영광을 보여 이르되 만일 내게 엎드려 경배하면 이 모든 것을 네게 주리라 이에 예수께서 말씀하시되 사탄아 물러가라 기록되었으되 주 너의 하나님께 경배하고 다만 그를 섬기라 하였느니라 이에 마귀는 예수를 떠나고 천사들이 나아와서 수종드니라"(마 4:1-11).

40일을 금식하신 예수님은 광야에서 시험을 받으셨다. 신체의 면역력이 극도로 떨어진 상황이었지만 하나님과의 관계에 신뢰가 있으므로 사단의 시험을 이기셨다. 그 신뢰는 하나님의 말씀, 성경에 기초한 것이었다. 실족하기 쉬운 상황 가운데 하나님과의 채널인 말씀과 기도를 통해 신뢰를 다시 확인하신 것이다.

과연 나는 하나님을 전적으로 신뢰하고 있는가? 혹시 마음대로 추측하고 나의 편의대로 하나님의 뜻을 해석하고 있지는 않은지 반성하게 된다. 모세가 바로 왕자의 신분을 벗고 이스라엘 민족의 지도자가 되기 전에 그도 광야에서 하나님과의 신뢰를 쌓았다. 과거의 자신을 버리고 하나님과의 깊은 교감을 통해 관계 회복을 한 것이다.

신뢰는 끊임없는 상호작용과 헌신으로 이루어지는 것이라고 데이비드 호사저(David Horsager)는 말한다. 모든 것을 하나님의 입장과 시각으로 바라보며 하나님과의 채널과 통로가 단절되지 않도록 하는 것이 소통의 시작이자 전부다. 끊임없는 자기 성찰과 기도, 그리고 말씀을 통해 점검받아야 한다.

하나님과의 소통은 신뢰를 통해 가능하다. 그분과의 채널을 놓지 않아야 한다. 그래야 관계가 흔들려도 다시 회복할 수 있는, 돌아갈 길이 있는 것이다.

2. 자존감

'자존감'이란 말은 정확한 표현이 아니다. 자존감은 자아 존중감과 자기 효능감을 말한다. 엄밀히 말하면 둘의 의미는 조금 다르다. 자아 존중감은 자신이 가치 있다고 여기는 것이고 자기 효능감은 자기의 능력을 믿는 것을 말한다.

예를 들어보자. 나는 피아노를 치는 것을 좋아하고 그 순간이 가장 행복하다. 하지만 잘 치지 못한다면 자아 존중감은 높지만 자기 효능감은 낮은 것이다. 만약 내가 소매치기인데 정말 기술이 좋고 능력이 뛰어나다고 생각해 보자. 그렇다고 소매치기인 자신을 가치 있는 사람이라고 느끼지는 않는다. 자기 효능감은 높지만 자아 존중감은 떨어지는 것이다. 결국 자존감은 자기 능력을 인정하는 동시에 자기 가치를 높게 평가하는 것을 말한다.

자존감은 항아리와 같다. 작은 항아리를 채워본 사람은 큰 항아리를 채울 수 있듯이 항아리를 채워가면서 성취 경험을 느끼는 것이 자존감이다. 자신을 비하하고 패배주의적 생각으론 자존감이 형성되지 않는다. 자신에 대한 기대치를 가지고 믿어주고 작은 목표라도 성취해 나가는 과정이 중요하다. 또 자존감은 내가 나를 보는 시각이다.

몇 년 전 내가 진행한 방송에 한 놀이동산 사파리 운전기사가 출연한 적이 있다. 가본 사람들은 알겠지만 사파리에서 일어나는 일은 정말 흥미진진하다. 운전기사들이 동물을 부릴 줄 알고 또 말도 재밌게 해서 버스 안은 콘서트장이 된다. 나는 물었다. "어떻게 말씀을 그리 잘하세요?" 그분의 답변이 기막히다. "아나운서님, 저는 저를 운전기사라고 생각하지 않습니다. 저는 엔터테이너예요."

거기에 답이 있다고 본다. 내가 운전기사라고 나를 규정하는 순간 나의 임무는 운전으로 국한된다. 그런데 엔터테이너라고 생각하는 순간 재미있는 이야기를 준비하고 동물을 연구한다. 우리는 우리를 너무 작게 규정한다. 그러니 자연스럽게 생각과 행동이 위축되게 된다. 하지만 하나님과의 든든한 관계는 우리를 더 건강하게 만든다. 그리고 그것은 자존감으로 나타난다.

혹시 자칼이라는 동물을 아는가? 여우과 동물로 상당히 포악하다. 먹이를 찾을 때는 무리와 협력하지만 자신의 목적이 달성

되는 순간 우두머리를 공격한다. 심지어 짜증이 날 때는 자기 몸을 공격하기도 한다. 한마디로 공격성이 강하고 꼬일 대로 꼬인 스타일이다. 기린은 순하기만 한 동물 같지만 꼭 그렇지는 않다. 자기 영역을 잘 지키고 공격을 받으면 효과적으로 방어한다. 그리고 심장이 커서 혈액 순환이 잘된다.

우리의 소통 방식을 보면서 기린이 아닌 자칼로 행동하지 않았는지 반성해 보자. 자칼의 시각으로 자신을 보면 자기를 공격하고 자기 비하를 하게 된다. 자칼의 눈으로 상대를 보면 상대를 비판하고 공격한다. 하지만 기린의 시각으로 보면 정반대가 된다. 기린의 눈으로 자신을 보면 자기 욕구와 솔직한 생각과 마주하게 된다. 기린의 시각이 외부로 향하면 상대의 마음과 욕구를 이해하고자 한다.

한 가지 예를 보자. 만일 나보다 손윗사람이 부탁한 일을 했는데 그분이 별로 탐탁지 않게 생각한다. 잘하려고 한 건데 결과는 만족스럽지 못하다. 자칼의 시각으로 자신을 보면 '나는 해도 안 돼, 정말 난 능력이 없는 건가?' 하며 나를 질책하게 된다. 자칼의 눈으로 상대를 보면 '아니 본인이 하지 왜 나한테 시켜? 마음에 안 들면 자기가 하던가'라고 생각하게 된다. 그런데 기린의 눈으로 보면 달라진다. 자신을 보면 '내가 어떤 점이 부족했을까? 다음에 어떤 점을 보완하면 만족하실까?' 하고 생각한다. 더 이상 자기에게 상처 주지 말고 상대방도 원망하지 말자.

네 말이 옳다

그날따라 사마리아 지방의 사막 언덕에는 태양이 뜨거웠다. 정오라서 더위가 절정이었다. 사람들은 모두 집안에서 이 태양을 피하고 있었다. 황량한 사막 언덕에는 태양에 뜨거워진 모래바람만 불 뿐이었다. 이 더위 속에 한 남자가 갈증을 해결하고자 우물가에 앉아있었다. 그런데 그 남자는 물을 마시지 않고 '수가' 마을을 바라보며 누군가를 기다리고 있는 것이다.

모래바람을 뚫고 한 여인이 우물가에 다가왔다. 모래바람을 피해 얼굴을 감쌌지만 사실은 자신을 숨기고 싶었다. 그녀는 항상 한낮에 물을 길어 오는데 그 이유는 마을 사람들을 피하고 싶기 때문이다. 남편이 다섯이나 되는 자신의 처지가 원망스럽고 하루하루가 힘들었고 사람이 싫었다. 아니 정확히 말하면 이런 처지가 된 자신이 싫었던 것이다.

그녀는 우물가에 앉아 있는 한 남자를 보며 당황했다. '아니, 이 시간에 누구지? 나를 아는 사람인가? 지금 물을 길어 오지 않으면 안 되는데….' 그녀는 빨리 물을 길어 자리를 뜨고 싶은 마음뿐이다. 우물에 다가가서 보니 그 남자는 유대인이었다. 유대인이 사마리아 지역에 자주 오지 않을 뿐 아니라 서로 말도 하지 않는 사이다. 그녀는 마음이 더 급해졌다.

그런데 그 남자가 말을 건다. "여자여! 나에게 물을 좀 주시오." 그녀는 당황했다. "어찌 저에게 말을 거십니까? 저는 사마리아 여인입니다." 그 남자는 굴하지 않고 말을 한다. "내가 어떤 사람인지 알았다면 당신은 내게 우물물이 아닌 생수를 달라고 했을 것이고 나는 그 생수를 주었을 것이오." 여자는 황당했다. 이 지역에는 조상 때부터 써 온 이 우물물이 전부였다. 특히 이 지역 근방에서 신선한 생수를 구하는 것은 불가능했다. 그녀는 빨리 이 말씨름을 마치고 싶었고 사람들이 보면 어쩌나 하는 불안한 생각이 들었다.

그 남자에게 면박을 주기 위해 말을 했다. "아니, 이 우물물은 우리 조상 야곱 때부터 사용한 물이에요. 당신이 초능력자라도 됩니까? 야곱보다 더 위대해요?" 이 말을 하며 그녀는 비웃음과 조롱의 마음을 담아 그 남자를 바라본다. 그런데 이상하게도 두건 너머로 본 그의 얼굴은 너무나 평화로웠다. 그의 눈빛은 깊어 그녀의 모든 문제를 감싸 안을 것 같았고 입가에 띤 미소는 그녀를 위로하는 듯했다. 이런 평화스러운 얼굴은 처음이었다.

"여자여! 지금 이 우물물은 다시 목마르지만 내가 주는 물은 영원히 마르지 않는 생명수라네." 그의 얼굴에는 확신과 자신감이 차 있었다. 그녀는 더 이상 논리적으로 생각할 수가 없었다. 그의 모습에서 진심을 봤기 때문이다. 그 사람은 정말 생명수를 가지고 있다는 생각이 들었다. "선생님, 저에게도 그 생명수를 조금만 주세요. 물을 길어 오기가 너무 힘이 듭니다." 그녀는 매일 사람을 피해 물을 길어 온 자신의 마음의 무게가 육체적 무게보다 더 무거웠다.

"당신의 남편을 데려오게." 그 남자가 갑자기 말했다. 그녀는 당황하기 시작했다. '내가 남편이 다섯이나 있다는 이야기를 들었나? 아니면 그냥 떠본 걸까? 어쩌지, 어떻게 대답해야 하지…. 그냥 자리를 피해 도망갈까? 사실 나는 남편이라고 생각한 사람이 아무도 없는데….'

그녀는 나지막한 소리로 그 남자에게 말을 한다. "저는 남편이 없습니다." 그 남자는 그녀의 말을 듣자마자 바로 말한다. "여자여! 네 말이 옳다. 남편이 없다는 네 말이 옳다. 당신에게는 남편이 다섯 명 있었으나, 지금 당신과 함께 살고 있는 사람도 사실은 당신 남편이 아니니, 당신은 바른말을 한 것이다."

그녀는 자리에 주저앉고 만다. 그리고 조용히 울기 시작했고 그 조용한 울음은 통곡이 됐다. 자기 처지가 들통이 나서가 아니라 자신을 알아주는, 자기 마음을 받아주는 사람을 처음으로 만났기 때문이다. 사람들은 남편이 다섯이나 있을 수밖에 없었던 그녀의 처지를 인정하기보다, 남편이 다섯이라는 사실만을 가지고 그녀를 그동안 조롱하고 멸시해왔다. "네 말이 옳다"고 인정해주는 그 말 한마디에 그녀의 마음은 뜨거워졌다.

남편이 다섯이나 있었던 사마리아 여인을 예수님은 있는 그대로 인정해 주셨다. 세상의 눈으로 보면 상처투성이지만 예수님은 사마리아 여인의 입장에서 고민하고 말씀하셨다. 사마리아 여인은 예수님을 만나면서 자존감을 회복하게 된다. 용기를 내어 자신의 처지를 고백하고 자기의 바람을 예수님께 털어놓는다. 자존감은 나를 보는 긍정적 시각인데 사마리아 여인은 그렇게 예수님을 통해 자신감을 얻게 된다.

자존감의 대가인 반두라(Bandura)는 상대방의 자존감을 높이기 위해서는 다음의 4가지 방법을 사용하라고 권유한다. 첫 번째는 가장 중요한 성취 경험이다. 무작정 어려운 일을 시키는 것이 아니라 작은 일부터 맡기며 상대방이 스스로 할 수 있다는 마음을 가지도록 유도하는 것이다. 두 번째는 역할모델이다. 너무 뛰어난 사람보다는 상대방과 비슷한 환경이었지만 그 환경을 극복하고 성공한 사람들의 모습을 보여주는 것이다. 그 과정을 통해 나도 충분히 할 수 있다는 자신감을 얻게 된다. 세 번째는 언어설득, 격려하기다. 정말 말도 안 되는 거짓말도 효과가 있다는 실험이 있다. 설령 상대방이 실수를 하고 문제가 있더라도 상대를 믿고 격려해주는 것은 큰 용기를 주게 된다. 마지막은 편안한 분위기를 만들어 주는 것이다. 아이들에게 시간 안에 무엇을 하라는 것은 큰 스트레스가 될 수 있다. 스트레스를 받지 않고 여유 있게 일을 처리할 수 있도록 하는 것이 자존감 형성에 도움이 되었다. 커뮤니케이션에서 자존감은 자신을 믿는 긍정의 힘이다. 자존심하고는 다르다. 자존심은 자기를 매우 소중히 여겨 다른 사람과 벽을 만드는 것이라면 자존감은 자기 긍정의 힘인데 세상으로 나아갈 수 있는 여건이 마련되는 것이다.

반복하지만 크리스천에 있어 자존감의 원천은 바로 하나님과의 관계 회복이다. 하나님과의 관계가 틀어지면 자신을 믿지 못하고 불안해진다. 특히 어정쩡한 믿음에는 불현듯 불안감이 몰려오곤 한다. 좌고우면하지 않고 하나님만 바라보는 것, 거기에 소통의 답이 있다.

3. 일치적 소통

만일 운전을 하는데 누가 끼어든다. 그때 여러분은 어떻게 하는가? "끼어드셨네요. 먼저 가세요." 이렇게 흔쾌히 양보하는가? 솔직히 대부분 욱하는 말을 하게 된다. 한 분노학자는 어떤 사람과의 관계에서 감정의 찌꺼기가 남아있다면 그것이 언젠가는 폭발한다고 주장한다. 특히 불특정 다수나 만만한 사람에게 폭발하게 되어있다. 부하 직원이나 자녀에게 스트레스를 푸는 나의 모습을 보고 흠칫 놀라게 되지 않는가? 결국 관계에 있어 찌꺼기가 남아있으면 안 된다. 그렇다고 무작정 감정을 다 쏟아 내라는 것은 아니다. 적절히 해소하고 풀 수 있는 방법을 찾아야 한다.

뇌 신경과학자인 앤드류 뉴버그(Andrew Newberg)는 우리 뇌가 3층 구조로 되어있다고 말한다. 먼저 1층은 파충류의 뇌다. 생존을 위해 현실에 집중하는데 자극반응의 뇌로 즉각적으로 대처한다. 우리가 화날 때 참지 못하고 욱하는 것은 바로 파충류의 뇌가 작동하기 때문이다. 2층은 포유류의 뇌다. 현실에만 안주하다 보니 생존에 위협을 받게 되는 경우가 생긴다. 어떤 것을 먹으면 배가 아프고 어떤 곳은 피하는 것이 좋은지 알게 된다. 현실의 경험을 바탕으로 한 과거 지향의 뇌가 포유류의 뇌다. 우리가 싸울 때 과거의 일을 끄집어내어 싸우는 이유는 바로 포유류의 뇌가 작동하기 때문이다. 마지막은 인간만이 가지고 있는 영장류의 뇌다. 과거와 현재를 뛰어넘어 미래에 집중한다. 싸움을 하더라도 결국 우리의 미래를 생각해 조율하고 타협하는 뇌인 것이다. 앞서 예를 든 운전 상황은 영장류와 포유류의 뇌가 활발하게 움직이는 상황이 된다. 뇌가 과부하 걸리면 파충류의 뇌가 가장 활성화된다. 그러니 작은 일에도 즉각 반응하게 되는 것이다.

그러면 심신의 면역력을 바탕으로 안정적인 감정 관리가 필요하게 된다. 바로 일치적 소통이다. 가족 치료와 커뮤니케이션 전문가인 사티어(V. Satir)는 일치적 소통이야말로 가장 건강한 소통이라고 주장한다. 내 머릿속의 생각과 말과 행동이 일치하는 상태를 말한다. 일치적 소통이란, 기능적, 현실적이고, 원만하며 책임감 있는 성숙한 의사소통을 말한다. 우리는 흔히 속마음을 숨기거나 참는데 그것이 오히려 자신에게 안 좋을 뿐 아니라 나

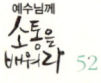

중에 감정이 폭발해 더 악화되는 상황을 만든다. 상황 발생 시 적절히 판단해 효율적으로 풀어내는 것이 더 효과적이다. 무작정 현실이나 과거에 집착하기보다는 미래를 향해 고민하는 것이 좋을 것이다.

내가 사는 집 근처에 작은 카페가 있다. 너무나 작아서, 앉아 있다 보면 옆 테이블의 소리를 있는 그대로 듣게 된다. 주일날 아침 예배를 마치고 혼자 커피를 마시러 갔는데 마침 내 옆자리로 중등부 교사 여덟 분이 들어오는 것이 아닌가? 강도사님의 주재 아래 다음 주에 있을 학부모 초청 예배에 대한 논의를 위한 자리인 듯했다. 나는 의도치 않게 교회 중등부 교사 회의에 참석하는 꼴이 됐다. 처음에는 다음 주에 어떤 방식으로 행사를 진행할지 순조롭게 의견이 나누는 것 같았다. 그런데 갑자기 한 분이 작년 행사를 언급하며 문제가 있었다는 식으로 말을 하는 것이다. 그러자 다른 한 분이 변명을 하고 이야기는 산으로 가기 시작했다. 다음 주에 있을 행사를 위해 모임을 가졌지만 과거 이야기만 하는 것 같았다. 결국 듣고 있는 나도 민망해 자리를 피했다. 한 교사는 과거의 이야기를 꺼내며 책임 문제를 제기했고 한 교사는 기분이 상한 현재의 모습에만 집중했다. 일치적 소통에 큰 방해요소가 등장한 것이다.

우리는 많은 모임과 회의 등을 통해 여러 사람과 의견을 교환하고 대안을 마련하기 위해 고심한다. 의견을 주고받되 포커스를 미래에 맞춰보자. 우리가 동원할 수 있는 좋은 뇌 기능을 활용해 보자. 과거를 탓하거나 현재의 기분에만 머물지 말고 이렇게 말해 보자. "이 문제를 어떻게 풀면 좋을까요? 좋은 생각을 나눠주시죠."

일치적 소통이 쉽게 되지는 않는다. 생활 속에서 꾸준히 연습하고 실천해야 한다. 그렇지 않으면 우리는 자기중심적으로 판단하게 된다. 일치적 소통을 하지 못하면 감정의 찌꺼기가 쌓이게 된다. 그것은 짜증과 분노로 나오게 되어있다. 그것을 효과적으로 해소하지 못하면 문제가 생긴다.

4. 분노 관리

분노란

"살면서 겪게 되는 일부 큰 분노의 경우 최상의 해결책은 직접적인 행동이다. 작은 분노의 경우 최상의 해결책은 찰리 채플린 영화다. 어려운 것은 그 차이를 아는 것이다."
_ 캐럴 태브리스(Carol Tavris) 『분노 : 잘못 알고 있는 감정』

무엇보다 분노의 문제는 폭력적이라는 데에 있다. 분노는 3가지 단계로 구성된다.

첫 번째는 생각 단계다. 이것은 매우 추상적이고 특별한 생각으로 '난 지금 부당하게 취급받고 있다'라는 의식이다. 종종 상황이 순식간에 걷잡을 수 없을 정도로 급변하여 당사자는 이 생각을 의식하지도 못한다. 그는 단지 반응할 뿐이지만 침해받고 있다는 생각이 안에 잠복해 있다. 생각은 불신과 불안을 불러오고 많은 정보를 이용해 자신에게 유리한 시나리오를 그려간다. 자신은 정당하고 상대는 부당하다는 논리를 성립시켜야 하기 때문이다.

　예화를 보자. 야근을 마치고 퇴근한 남편에게 아내는 보자마자 아이들에게 책을 읽어주라며 쏘아붙인다. 너무 피곤하다고 이야기하지만 아내는 막무가내다. 짜증이 나기 시작하고 생각한다. '온종일 밖에서 일한 사람한테 너무한 거 아냐?' 그리고 그동안 아내가 했던 부당하고 무리한(?) 요구들이 생각이 나고 남편이 그동안 잘했던 일만 생각나게 된다. 그리고 분노가 차오른다. 남편은 자기 입장에서만 생각한 것이다. 물론 오늘만 놓고 보면 남편은 당당할 수 있다. 열심히 일했고 자기가 할 일을 다 했다 생각하기 때문이다. 하지만 길게 놓고 보면 남편에게 문제가 있다. 그는 그동안 회사 일이 바쁘다는 핑계로 아이들과 같이 놀아주지 못했고 무심했다. 내가 강의 시 즐겨 사용하는 상호작용 주의 원칙 중에 이런 원칙이 있다. "구두점을 어디에 끊는가에 따라 상황은 달라진다." 남편은 오늘 하루만 놓고 생각한 것이고 아내는 그 이전부터 생각한 것이다. 대부분 분노의 생각은 자신의 입장에 유리한 상황에서 구두점을 끊은 것이다. 그렇게 생각하면 자신은 옳고 상대는 틀린 것이 된다. 자신은 정당하고 상대는 문제가 있다고 판단되는 것이다.

두 번째는 신체적 반응 단계다. 교감 신경계와 근육이 신체적 공격을 위해 동원되며 근육은 긴장하고 혈압과 심장박동수는 치솟는다. 소화 과정이 정지되며 뇌의 중추가 자극을 받고 뇌의 화학작용은 공격모드로 돌입한다. 이 모든 것에는 주관적인 감정이 동반된다. 분노가 오르면 얼굴이 달아오르고 말이 빨라진다. 이 상황을 어떻게 극복하는 지가 매우 중요하다. 이 신체적 반응 시기를 제대로 조절하지 못하면 부정적 행동으로 이어지게 되기 때문이다. 자극과 반응 사이에는 공간이 있다. 바로 이 공간이 신체적 반응이다. 누군가가 나를 화나게 하는 상황이 발생하면 나는 바로 화가 났다고 인지하지 못한다. 자극이 있고 신체적 반응이 나오고 나서야 내가 화나는 상황을 맞고 있다고 생각하게 된다. 이 신체적 반응 시 여유를 가지고 나를 돌아보는 시간이 무엇보다 필요하다.

마지막은 행동 단계다. 분노의 행동 단계는 파괴적이다. 행동은 언어와 신체적 행동으로 구분된다. 언어를 통해 상대방의 정체성을 훼손하게 된다. 우리는 모두 자신의 정체성을 유지하고자 하는 욕구가 있고 각자 약점을 가지고 있다. 분노가 치밀어 오르면 상대의 정체성을 훼손하기 위해 최선을 다하게 되는 것이다. 재미있는 것은 관계를 통해 상대방의 약점을 우리가 잘 알고 있다는 사실이다. 그것이 의식적이든 무의식적이든 우리는 평상시 그것을 수집한다. 예를 들어 외모 콤플렉스, 불안정한 위치, 경제적 문제, 상대가 속한 조직의 문제 등을 알고 있다. 나 같은 경우 참기 힘든 말은 "교회 다니는 사람이 왜 그래? 당신네 집안은 왜 그래?"라는 말이다. 이 말을 들으면 갑자기 호흡이 빨라지는 것을 느끼게 된다. 분노에 사로잡힌 사람은 상대에게 상처를 주기 위해 정체성을 훼손하는 말을 주저하지 않고 하게 된다. 인지적 제어능력이 떨어진 상황이 된다. 그리고 말로도 상대방 공격에 만족하지 못하면 물리적 행동을 자행하게 된다. 물건을 던지고 직접 상대방을 힘으로 제압하고자 시도한다. 결국 관계의 파국으로 이어지게 된다.

나는 분노와 불안이 같은 기반을 가지고 있다고 생각한다. 그것은 심신의 면역력이 떨어진 상태라는 점이다. 즉, 자존감이 낮아진 상태에서 분노와 불안이 촉발되게 된다. 우선 신체의 면역력이 떨어져도 문제가 발생한다. 나도 대한민국에서 둘째라면 서러울 정도로 요새 하루하루 바쁘게 살고 있다. 몸은 하나지만 내 이름 아래 걸린 역할이 한둘이 아니다. 시간을 쪼개어 이런저런 역할들을 감당하다 보면 어느 순간엔가 예민해져 있는 자신을 발견하게 된다. 정말 힘든 순간이다. 특히 소통과 스피치를 강의하는 내가 이런 상황과 마주하다 보면 나 역시 자존감이 무너진다. 누구에게나 한계가 존재하고 온전한 사람은 없다. 한 강의를 마치고 다른 강의로 이동할 때 길이 막히면 불안해지고 분노가 치밀어 오른다. 겨우겨우 일정을 마치고 지친 몸을 이끌어 집에 가면 아내와 작은 일로도 충돌하는 경우가 솔직히 종종 있다. 몸이 지치면 내 마음관리도 어렵다.

감정의 면역력도 문제다. 스트레스를 지속해서 받으면 감정의 면역력도 떨어지게 된다. 나는 선한 의도로 상대방에게 제안했는데 상대가 그 진심을 몰라주고 오해하는 경우, 뒷이야기를 듣게 된 경우, 따돌림을 받는 경우, 가까운 사람과 의견 충돌로 관계가 어그러진 경우 등 수많은 문제 상황이 있을 것이다. 이런 상황이 반복되면 관계 맺기가 두려워지고 경계심이 높아진다. 쉽게 마음을 주지 못하니 다시 관계가 껄끄러워지는 악순환을 겪게 되는 것이다. 바로 이 지점에서 불안과 분노가 찾아온다. 건강했을 때는 아무 문제가 없다가도 면역력이 떨어진 상황에서는 예기치 못한 극단적 결과를 맞이하게 된다.

또 불안과 분노는 결핍의 문제에서 비롯된다는 점에서 공통점이 있다. 불안은 내가 하고자 하는 것이 이루어지기 어렵다는 것을 알게 되었을 때, 다가올 것 같은 문제에서 느끼는 것이다. 분노 역시 내가 하고자 하는 바가 좌절되었을 때, 나의 의견이 관철되지 못하고 내 뜻대로 되지 않았을 때 생기는 것이다.

분노지수 테스트

다음은 마틴 셀리그만(Martin E. P. Seligman)의 책인 『아픈 당신의 처방전』에 나온 분노지수 테스트다.

다음의 각 진술을 읽고 자신의 일반적인 감정 상태를 설명해주는 것에 표시하라. 정답이나 오답은 없다. 하나의 진술에 너무 오랜 시간 허비하지 말고 자신의 전반적인 기분을 가장 잘 묘사하는 답을 찾아라.

A. 나는 성급하다
B. 불같은 성정을 갖고 있다
C. 나는 욱하기 쉬운 사람이다
D. 다른 사람의 실수로 일이 지체될 때 화가 난다
E. 일을 잘했는데도 인정받지 못할 때 불쾌해진다
F. 홧김에 앞뒤를 잊는 경향이 있다
G. 화가 날 때는 험한 말을 한다
H. 남 앞에서 비판받을 때 분통이 터진다
I. 실망감을 느낄 때 누군가에게 주먹질을 하고 싶다
J. 일을 잘했는데도 안 좋은 평가를 받을 때 울화가 치민다

1점 : 거의 전혀   2점 : 가끔   3점 : 자주   4점 : 거의 항상

결과 〉〉〉〉〉

13점 이하 : 분노가 약한 하위 10%
14-15점 : 낮은 수준
16-20점 : 평균
21-24점 : 75% 이상 높은 수준
25-27점 : 여성 상위 10%
28-30점 : 남성 상위 10%

남성의 30점, 여성의 28점은 상위 5% 이내

분노 극복법

자, 그렇다면 보다 구체적으로 부정적 감정인 분노와 불안을 어떻게 극복할 것인가? 스스로 마인드 컨트롤을 해야 할까? 아니면 심리 상담을 받아야 할까? 필요하면 타인의 도움도 받아야 할 것이다.

무엇보다도 크리스천이라면 가장 먼저 하나님께 이 문제를 가지고 나아가야 할 것이다. 그분께 점검을 요청해보아야 할 것이다. 하나님과 소원해진 부분은 없는지, 무언가에 마음을 빼앗기고 하나님을 멀찍이 따라가지는 않았는지 말이다. 지친 영혼의 상태 그대로 나아가는 것이다. 그분 앞에서 쏟아내는 것이다. "평안을 너희에게 주노라"(요 14:27)라는 이 말씀을 묵상하며 위로받고 헝클어진 마음과 생각을 리셋해보는 것이다.

회복력 연구의 권위자인 펜실베이니아 대학교 심리학과 교수인 캐런 레이비치(Karen Reivich)와 앤드류 샤테(Andrew Shatte)는 A-B-C 방법을 통해 감정의 흐름 제대로 알아야 한다고 주장한다. 우리는 어떤 상황이 발생하면 A-B-C로 생각을 한다는 것이다. A는 adversity로 역경을 말한다. 어떤 상황이 나에게 닥친 경우다. B는 belief로 믿음이고 C는 consequence로 감정의 결과를 말한다.

상사와 의견 충돌을 겪는 상황을 상상해 보자. 제품에 하자가 있다고 항의하는 고객의 의견이 접수되었다. 신제품에 대한 불만 제기였고 주요 고객이었기 때문에 신중하게 접근해야 한다. 상사는 편지나 이메일을 통해 문제 해결을 하기를 원하고 나는 급한 사항이기 때문에 전화로 직접 소통하기를 원한다.

고객의 문제 제기로 A 즉, 새로운 역경이 찾아왔다. 그리고 상사가 한 지시에 대해 어떠한 믿음이 생긴다. 상사가 전화를 하지 말라는 것은 나의 대화 방식에 문제를 제기하는 것으로 나를 무시한다고 믿게 되는 것이다. 직접 상사가 말하지는 않았지만

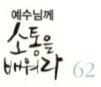

전문가답지 못한 나의 말투 때문일 거라는 생각에 결국 나는 상사에게 대들고 만다. 이 상황을 아래와 같이 정리해 봤다.

A (역경, 상황)	B (믿음)	C (결과)
	본인의 권리 침해	분노
	자기 가치 상실	슬픔, 우울
	타인 권리 침해	죄책감
	미래 위협	불안, 두려움
	타인과의 부정적 비교	당혹감

나는 상사가 나의 권리를 침해했다고 단정하게 된다. 그가 나의 판단을 믿지 못하고 나의 전문성을 깎아내렸다고 생각한다. 그래서 스멀스멀 분노가 치민다. 그렇지 않아도 말투에 문제가 있다고 생각했던 터라 이런 상황은 자존심이 상한다. 즉, 자기 가치에 상처를 받은 것이다. 슬프고 우울해지며 결국 상사와 갈등이 생겨 마음도 우울하고 분노도 가시지 않는다. 상사에게 대들었으니 그의 권리를 침해한 것에 대한 죄책감이 이어서 찾아온다. 동시에 앞으로 불이익을 당할 것 같은 불안과 두려움도 생긴다. 심지어 전화 상담을 잘하는 동료와 나를 비교하니 당혹감마저 든다.

잘 생각해 보면 우리는 상황을 객관적으로 판단하지 않고 잘못된 믿음을 통해 잘못된 감정으로 치닫는 때가 있다. 즉, B-C의 연결고리를 보다 냉정하게 판단해 볼 필요가 있다. 앞서 자존감도 인지 재해석이 중요하다고 말한 것처럼 동일한 상황에서 나에게 긍정적으로 바라보는 힘이 필요하다.

커뮤니케이션 능력 가운데 최고의 능력은 객관화 능력이라 생각한다. 감정에 휘둘려 의도하거나 판단하지 말고 상황을 있는 그대로 냉정하게 판단하는 능력 말이다. 왜곡된 믿음은 분노와 불안, 그리고 우울로 이어진다. 이는 사고의 함정 때문에 생기는데 우리의 사고와 생각은 그리 합리적이지 못하고 종종 자기중심적이다.

인지 치료의 전문가 아론 백(A. T. Beck)은 다음과 같은 사고의 함정을 피해야 한다고 주장한다.

첫 번째는 속단이다. 상황의 전후 맥락을 파악하지 못하고 몇 가지 사실만 보고 판단하는 경우다. 상대방이 내가 오자 자리를 피하는 경우 이렇게 생각할 수 있다. '나 때문에 불편해서 자리를 피했나?' 그리고 계속 안 좋은 생각을 확장해 나간다. 그런데 사실은 그 사람이 그냥 화장실을 가야 했다든지, 가야 할 시간이 돼서 자리를 떠난 것일 수 있다. 단편적인 지식과 증거로 상황을 예단해 버리는 것이 속단이다.

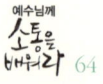

두 번째는 터널 시야인데 선택적 지각을 말한다. 즉, 내가 보고 싶은 것만 보는 것이다. 전체 그림을 보지 못하고 눈에 보이는 것만으로 상황을 판단한다.

세 번째는 확대 또는 축소의 함정이다. 아침에 출근해 상사에게 인사를 했는데 받아주지 않을 때 많은 생각을 하게 된다. 혹시 지난번에 올린 보고서가 맘에 들지 않아서 내 인사를 받지 않은 건지 아니면 나를 미워하나 등등 만감이 교차하게 된다. 우리는 기본적으로 부정성을 확대하고 긍정성을 축소하는 경향이 있다. 관계에 있어 무조건적인 긍정도 문제가 있지만 매사를 부정적으로 확대해석하는 것은 문제가 있다.

네 번째는 자기비하와 남 탓이다. 어떤 문제가 생기면 그 상황을 파악하기보다는 자기나 다른 사람에게 문제를 제기하는 것이다.

다섯 번째는 과잉 일반화다. 하나의 단순한 사건을 전체로 확대하는 것이다. 어떤 사람의 첫인상을 보고 사람을 쉽게 믿거나 판단하는 것이다. 하나의 단서로 모든 것을 판단하는 것이 바로 과잉 일반화다.

그리고 마지막 여섯 번째는 편견이다. 편견이 속단과 다른 점은 사람이 가지고 있는 선입관에 따라 판단해 버린다는 점이다. 물론 속단도 편견이라는 것이 들어가 있겠지만 몇 가지 증거만을 가지고 빠르게 판단하는 것이다. 편견은 나는 OO 출신이라 승진이 안 된다. 누구는 어떤 사람이라고 평소에 가지고 있는 잘못된 의견으로 상대를 판단하는 것을 말한다.

이처럼 우리는 사고의 함정을 잘 파악해 잘못된 믿음이 형성되는 것을 막아야 한다. 따라서 역경, 좌절이나 자극이 들어왔을 때 찬찬히 상황을 포괄적으로 볼 필요가 있다. 그럴 때 다음을 생각해 보자.

'이 일을 좀 더 냉정하고 현실적으로 봐야 해.'
'과연 이 일이 나의 생존을 위협하는 것인가?'
'혹시 몇 가지 내용만을 가지고 예단하는 것은 아닌가?'
'확실한 증거와 타당한 근거가 있는가?'
'진짜 이 일이 발생할 확률이 얼마나 되지?'

분노와 불안이 찾아오기 전에 객관적으로 자신에게 물어봐야 한다. 그렇지 않으면 잘못된 믿음이 생기고 그것은 결국 부정적 행동으로 이어지게 된다.

감정 관리

우리는 살면서 당황스럽고 부당한 일을 정말 많이 겪게 된다. 그리고 그것을 우리의 의지로 피할 수도 없다. 그렇다면 자기 생각을 리셋해서 보다 현실적으로 바라봐야 한다. 바로 그것이 감정 관리다. 현실을 인지하고 자기 생각의 함정들을 미리 파악해 대비하는 것이다.

감정 관리를 하는 또 하나의 방법은 분노일지를 써 보는 것이다. 자신이 얼마나 자주 그리고 어떤 부분에 면역력이 떨어졌는지 객관적으로 알아보는 작업이다. 특별한 방식이 있는 것은 아니다. 단지 어떤 자극이 있을 때 자신이 어떤 생각을 하고 그것이 자기감정과 신체에 어떤 변화를 주는지 살피는 것이다.

예를 들어 연락이 없는 남자친구의 경우를 생각해 보자. 평상시에 일을 마치고 연락을 하던 남자친구가 연락이 없다. 10분, 30분이 흐르고 한 시간 뒤에 연락이 오겠지 하고 생각하지만 연락이 없다. 처음에는 초조하다가 여러 가지 생각이 들게 되고 집착하게 된다. 애꿎은 전화기만 계속해서 만지작거리고 있다. 드디어 슬슬 짜증을 넘어 화가 나기 시작한다. 결국 참다못해 남자친구에게 전화를 거는데 전화를 받지 않는다. 폭발하기 직전이다.

그러다 마침내 남자친구에게 전화가 온다면 당신은 어떻게 할 것인가? 아마 크게 소리를 지르며 짜증을 냈을 것이다. 여자 입장에서는 이해가 가지 않는다. 그가 평상시 전화를 하던 시간에 전화를 하지 않았고, 전화를 했는데도 바로 받지 않았다. 그리고 미안한 기색이 없는 말투는 그녀를 화나게 하기에 충분하다. 그런데 남자 입장을 생각해 보자. 회의가 생각보다 늦게 끝나고 부장의 지시로 다른 일을 하느라 정신이 없었다. 그리고 사실 며칠 전 그녀에게 연락이 안 돼 화가 난 일이 있어서 꼭 연락을 해야 한다는 생각을 하지 못했다. 그 나름 충분한 이유가 있었던 것이다.

어떤 시각에서 접근하는지에 따라 입장이 달라질 수 있다. 이 상황을 분노일지에 적어보자. 발생한 상황, 화가 난 이유, 나의 대처, 그리고 시간이 지나고 드는 생각 등을 말이다. 이렇게 조금 떨어져 상황을 보면 그리 화날 일도 아니다. 특히 커플이 그동안 감정적으로 많이 지쳐있었다면 이런 일이 더 빈번하게 발생할 것이다. 둘 다 폭주 기관차처럼 감정에 생각을 맡기다 보면 지치도록 싸우고 결국 파국으로 치달을 수밖에 없다.

"한순간의 화를 참으면 백날의 슬픔을 면한다"는 중국 속담을 기억해 보자. 결국 분노의 과정을 객관화하고 이것이 나에게 아무 도움이 되지 않는 한순간의 바람이라는 것을 깨달아야 한다.

분노는 생각, 신체변화, 그리고 행동으로 이어진다. 우리가 경험해서 무엇보다 잘 알 것이다. 가장 큰 문제는 행동이다. 이 행동이 관계를 파멸시키고 상대에게 씻을 수 없는 수많은 아픔을 주게 된다. 분노라는 감정은 당신도 알다시피 평생 관리해야 한다. 당뇨병처럼 말이다.

긍정의 효과

중·고등부 시절, 기도원에서 수련회를 마치고 돌아올 때 세상을 다 얻은 것 같은 기분을 느꼈다. 철야 기도를 통해 하나님의 임재하심을 느꼈고 나의 죄를 고백하니 하나님이 나와 동행하시는 것을 깨닫게 되었다. 집으로 돌아오는 길에 내 마음은 설렘과 알 수 없는 충만함이 가득했다. 물론 시간이 지나면서 기도를 게을리하고 또 부족한 나의 모습을 알게 되었지만 그 당시의 기쁨은 말로 표현할 수 없었다.

심리학자 아이센(Isen)은 캔디 스터디를 통해 긍정적 정서가 어떤 영향을 미치는지 밝혀냈다. 출발은 초등학생을 대상으로 한 실험이었다. 같은 지능을 가진 학생들을 두 그룹으로 나눈다. A그룹은 캔디와 재미있는 영화를 보여주며 기분 좋은 상태를 만들어 준다. 하지만 B그룹은 분위기를 어색하게 만든다. 그리고 과제를 주는데 머리를 써서 벽에 양초를 붙이는 작업이다. 그리고 A그룹에는 게임이라고 말하고 B그룹에게는 지능 테스트로 결과를 부모님들이 보신다고 스트레스를 준다. 같은 지능인 두 그룹이지만 기분 좋은 상태를 만든 A그룹에서 80%가 문제를 해결한다. 그리고 B그룹은 25%만이 문제를 푼다. 이 실험을 바탕으로 아이센은 긍정적 정서가 인지 능력에 영향을 미친다는 결과를 발표한다. 그런데 이 실험은 어린이를 위한 실험으로 한계가 있다는 지적을 받게 된다.

그래서 아이센은 2004년 시카고의 헨리포드 대학병원에서 레지던트들을 대상으로 실험을 실시한다. 같은 능력을 가진 레지던트들을 두 그룹으로 나눈 뒤 A그룹은 캔디를 주며 기분 좋은 칭찬을 한다. B그룹은 사무적인 분위기를 만든다. 그리고 진단이 어려운 간경변 질환 의료 기록을 보여주면서 어떤 질환인지 자문한다. 역시 A그룹에서 75%, B그룹은 25%가 문제를 해결한다. 결국 긍정적 정서가 인지능력, 대인관계에까지 영향을 미친다는 연구결과를 발표한다.

우리가 실생활에서 경험하듯이 기분이 좋으면 더욱 너그러워지고 일에 의욕이 생긴다. 나와의 소통에 있어서 중요한 것은 기분 좋은 상태를 유지하는 것이다. 이것은 거창한 의식이 아니라 작은 것이다. 예를 들어 커피를 마시거나 음악을 듣는 것처럼 나의 기분이 좋아지는 것을 찾는 것이 정말 중요하다. 무엇보다도 궁극적으로 가장 기분 좋은 것은 바로 하나님과의 관계 회복이다.

『커뮤니케이션 이론』 5권 1호에 실린 표를 참고해 보라. 긍정적 정서가 구체적으로 어떤 영향을 주는지 알 수 있다. 대인관계뿐 아니라 의사결정, 정보처리, 설득/협상에도 영향을 미친다. 기분 좋은 상태에서는 본래보다 훨씬 많은 것을 할 수 있다. 예수님 안의 참 기쁨이 있다면 무서울 것이 없다. 설령 실패하더라도 다시 시작할 수 있는 용기가 생기기 때문이다.

| 긍정적 정서가 미치는 영향 |

구분	주요 효과	연구자
대인관계	타인에 대한 이해 증가 갈등, 분노 감소	아이젠(Isen) 2001 고트만(Gottman) 1998
정보처리	정보를 신중하게 평가, 처리 부적절한 정보 효과적 파악 새로운 정보와 경험 추구	애스핀월(Aspinwall) 1998 프레드릭슨(Fredrickson) 2004
의사결정	호의적이고 긍정적인 판단 창의적이고 유연한 판단 효율적이고 더 완전한 문제 해결	아이젠(Isen) 1987, 1993, 2001
설득/협상	적대적 관계에서도 충돌을 피하고 해결책 제시, 협상을 즐김 면대면 상황에서 결과 좋음	카니발 & 아이젠 (Carnevale & Isen) 1986

3

최고의 공감
오바마의 침묵
공감을 돕는 방법

소통의 2단계
: 공감

상대의 언어를 써라

예수님께 소통을 배워라

1. 최고의 공감

 공감은 앞에서 잠깐 다뤘지만 소통을 위한 준비 단계이자 윤활유와 같은 중요한 요소다. 공감이 필요한 순간을 에피소드 하나로 소개하고자 한다. 아나운서들은 몇 가지 습관이 있다.
 첫 번째 습관은 시계 보는 것이다. 매시간 뉴스가 있다 보니 시간에 쫓기는 경우가 많다. 정시가 되면 각 채널에서 뉴스가 시작이 되기 때문에 20분 전인 40분쯤 아나운서실에서는 뉴스를 배당받은 아나운서의 이름이 디지털로 호명된다. 방송 중에서도 시간 조절이 중요하다 보니 시계에 집착하게 되는 것은 당연하다. 강연을 하면서도 아나운서인 나는 끝나는 시간만큼은 기가 막히게 맞춘다.
 두 번째 습관은 정리하는 습관이다. 진행과 MC를 많이 맡다 보면 이야기를 정리하는 습관이 생긴다. 그러다 보니 친구들끼리의 편안한 자리에서도 어느새 사회를 보는 경우도 있다. 뭔가 정리를 해줘야 할 것 같은 강박 때문이다.

마지막 습관은 말이 많은 것이다. 특히 퇴직하신 선배들의 입담은 상상 이상이다. 아나운서 퇴직자들의 모임인 아나운서 클럽 모임에서 누군가 말을 시작하면 언제 끝날지 모른다. 마이크를 잡으면 언제 내려올지 모른다.

어느 해 아나운서 대회 때 일이다. 아나운서 대회는 지상파 아나운서들의 친목모임으로 매년 12월에 열린다. 6시 30분에 행사가 시작했고, 7시 30분에 모든 순서가 끝났다. 마지막으로 퇴직하신 세 분만 말씀을 하시면 밥을 먹을 수가 있었다. 그때까지만 해도 우리 진행 팀은 늦어도 8시면 식사가 가능하리라 믿어 의심치 않았다. 사실 다른 모임이라면 10분 이내에 끝날 일이지만 워낙 다변이라 30분 정도를 생각한 것이다. 그런데 세 분 중 두 분이 말씀을 마치셨는데 그때가 무려 8시 50분이었다. 두 분이 한 시간 20분을 말씀하신 것이다. 6.25 한국전쟁부터 한국방송의 역사를 짚어 가는데 정말 정신이 혼미할 지경이었다. 너무 배가 고팠다. 마지막 연사는 모 대학의 교수님이셨다. 그분은 현역 아나운서 시절에도 말씀하는 것을 좋아하는 분으로 유명하셨다. 인내심의 한계에 다다른 우리는 거의 절망상태였다. 드디어 연단에 선 그분이 입을 열었다. "여러분 시장하십니까?" 젊은 사람들은 큰 소리로 "네" 하고 대답했다. "저희 아버님께서 몸이 편찮으셔서 평상시 말씀이 없으십니다. 그런데 오늘 아나운서 대회 간다고 했더니 이 말을 꼭 전해달라고 하셨습니다. 아나운서 여러분, 올 한해 정말 고생 많으셨습니다. 식사 맛있게 하십시오." 그러더니 연단을 내려오셨다. 짧은 침묵 후 우레와 같은 박수가 터져 나왔다. 청중의 마음을 정확히 간파하신 것이다. 그 이상의 공감은 없다. 사실 그분은 평상시에 아나운서들에게 정말 좋은 이야기를 많이 해주신다. 그런데 그 상황에서 가장 효과적인 스피치, 짧고도 인상적인 스피치를 하신 것이다.

우리는 종종 착각을 한다. 말을 많이 하면 그저 좋을 것이라고. 그러나 상대는 전혀 그렇게 생각하지 않을 수도 있다. 열심히 말하고 있는데 상대가 눈을 감거나 시계를 보고 문자 메시지를 확인하는 것은 공감대가 형성되지 않았다는 신호다. 몇 번 만났다고 해서, 대화를 많이 했다고 해서 공감대가 형성되지는 않는다. 공감한다는 것은 나의 눈이 아닌 상대의 눈으로 바라보는 것이다. 나의 언어를 쓰는 것이 아닌 상대의 언어를 쓰는 것이라는 것을 기억하자.

2. 오바마의 침묵

미국의 오바마 대통령은 공감을 잘하는 사람으로 알려져 있다. 2011년 1월 12일 미국 애리조나주 총기 난사 사건 희생자 장례식에서 오바마 대통령은 아홉 살 소녀 크리스티나의 죽음을 애도했다. "우리 민주주의가 크리스티나가 상상한 것과 같았으면 좋겠습니다. 우리는 모두 아이들의 기대에 부응하는 나라를 만들어야 합니다."

함성과 박수가 이어졌다. 그 순간 그가 말을 멈췄다. 하나, 둘, 셋, 넷, 시간이 흘렀고 그는 오른쪽을 쳐다보며 1초 간격으로 눈을 깜빡였다. 시선이 아래로 향했다가 왼쪽을 바라봤다. 그리고 침을 한 번 삼켰다. 다시 원고를 응시하고 오른쪽을 바라본 그는 아랫입술을 지그시 깨물었다. 어느덧 51초가 흘렀고 그는 말을 이어갔다. "앞서 말한 대로 크리스티나는 2001년 9월 11일에 태어났습니다. 그 날 50명의 아이가 태어났습니다. 그들의 얼굴은 『희망의 얼굴』이라는 책에서 볼 수 있습니다."

그녀보다 석 달 먼저 태어난 딸을 둔 아버지로서 공감을 침묵으로 표현했다. 세계 언론은 51초의 침묵을 대서특필했고, 오바마 대통령이 연설 전에 크리스티나 부모와 통화한 사실도 밝혀졌다. 오바마 대통령은 침묵하는 51초 동안 그녀 부모의 마음을 느꼈을 것이다. 오바마는 침묵이 가진 영향력을 굉장히 잘 알고 있는 사람이었고, 잘 이용할 줄 알았다. 그 당시 그 어떤 말로도 유가족의 아픔을 헤아릴 수 없었다. 단지 그들과 눈을 맞추며 공감해 주는 침묵이야말로 최고의 위로였다.

그는 2011년 5월 5일에도 침묵으로 공감을 표현했다. 뉴욕 맨해튼 그라운드 제로에서 붉은색, 흰색, 푸른색 꽃들로 꾸려진 꽃다발을 헌화한 뒤 두 손을 앞으로 모으고 고개를 숙인 그는 이 행사에서 단 한마디도 하지 않았다. 제이 카니 백악관 대변인은 오바마의 '침묵추모'에 대해 테러 희생자들과 위기의 순간에 가장 먼저 현장으로 달려가 자신들의 목숨을 바쳐 생명을 구해냈던 인명구조대원들을 추모하고 기억하는 자리에서 어떤 말도 필요치 않다고 말했다. 그 날은 오사마 빈 라덴 제거 작전에 성공한 지 나흘만이었다.

침묵의 공감에는 힘이 있다. 공감한다는 것은 마음으로 듣고 진심으로 표현하는 것이다. 상대의 마음을 헤아려 상대의 언어로 말하는 것이다. 때로는 침묵이 최고의 공감 언어일 수 있다.

3. 공감을 돕는 방법

공감을 잘하려면 관심, 차이 인정, 경청, 관찰, 유형 파악, 그리고 분위기 조성 등의 몇 가지 팁이 필요하다. 그저 마음만 앞선다고 공감을 표현할 수 있는 것이 아니다.

관심과 차이 인정

사람은 모두 누군가의 관심을 받고 싶어 한다. 물론 관심을 받고 싶은 사람으로부터의 관심일 것이다. 싫어하는 사람의 관심은 당연히 부담이다. 어쨌거나 대부분의 사람은 적당한 관심과 보살핌을 받고 싶어 한다. 타인에 대해 관심이 있는가? 관심이 있는지 없는지는 행동이 말해준다. 관심이 없으면 곁에서 무슨 일이 일어나도 그저 남의 일일 뿐이다.

관심은 철저히 상대방의 입장에서 바라보는 시선이다. 주위 사람들, 특히 교회 안에는 새로운 신자들, 혹은 교회 주변을 맴도는 사람이 많다. 그런 사람들에게 얼마나 관심을 가지고 있는가? 내가 편한 사람들만 교제하고 있지는 않은가? 관계를 맺더라도 자기 위주로 하지는 않는가? 알고는 지냈지만 그리 친하지 않은 사람과 만났을 때를 생각해 보자. 말은 걸어야겠는데 난감해 하다가 고민 끝에 한 마디 던진다. "요즘 잘 지내시죠?"란 질문에 돌아온 대답은 "네"일 뿐이다. 그리고 침묵이 흐른다면 차라리 질문을 안 하니만 못하다. 피상적인 질문밖에 할 수 없는 것은 관심의 부재 때문이다. 의도는 나쁘지 않았지만 준비가 잘 되지 않았던 것이다. 상대방의 입장에서 다가가야 한다. 그러기 위해서는 상대에 대한 관심이 필수적이다. 그리고 또 중요한 것이 있다. 바로 차이를 인정하는 것이다.

우리 부부는 신혼 초 여러 가지 문제로 다툼이 잦았다. 특히 연애 기간도 짧고 다소 어린 나이에 결혼한 터라 여러 문제를 안고 있었다. 첫 부부 싸움을 한 날 잠이 오지 않았다. 여러 난관을 뚫고 결혼에 성공한 우리 부부가 싸웠다는 것 자체가 화가 났고, 내가 아무리 말을 해도 합의점을 찾지 못했기 때문이다. 그런데 더 화가 나는 것은 나는 속이 상해 잠을 못 자고 거의 뜬눈으로 밤을 새웠는데 아내는 너무나 편안하게 잠을 자고 있다는 사실이었다. 다음날 아내에게 말을 걸었다. "오빠는 화가 나서 잠을 못 잤어. 오빠가 밤새 고민한 끝에 우리가 싸운 이야기를 일곱 가지로 정리했어. 잘 들어봐. 첫째, 둘째… 일곱 번째… 어떻게 생각해?" 아내는 어이없다는 표정으로 아무 말도 하지 않았다. 그때 나는 한마디 더 했다. "아무 말도 하지 않는구나. 그렇다고 오빠는 화를 내지 않아. 왜냐구? 오빠는 커뮤니케이션 석사 과정 중이니까. 다시 한 번 정리해줄게. 첫째, 둘째, 셋째…." 아내는 문을 꽝 닫고 나가버렸다. 더 이상 참을 수 없었던 나는 따라 나가서 정말 대판 싸웠다. 아내는 침묵하는 것으로 커뮤니케이션을 했다. 하지만 나는 그런 방식을 인정하지 못했고 그러다 보니 아내의 행동에 오해를 하고 싸움으로 상황을 끌고 간 것이다. 나는 갈등 상황에서 말을 하는 것을 당연하게 생각했지만 아내는 침묵하며 정리할 시간이 필요했다. 침묵으로 자기 상태를 표시한 것이기도 했다. 상대에게 관심을 가짐과 동시에 나와 다른 것을 있는 그대로 인정해야 한다.

경청

경청은 상대의 이야기를 자신의 입장이 아닌 상대의 입장에서 듣는 것이며, 상대가 말하는 것 이상의 맥락을 이해하는 일이다. 맥락을 이해한다는 것은 대화뿐 아니라 상대의 삶에 많은 관심이 있다는 의미다. 그렇지 않으면 상대가 백 마디 말을 해도 집중할 수 없다. 상대를 파악할 수 있는 효과적인 방법 중 하나가 바로 경청이다. 상대가 자신의 더 많은 부분을 열 수 있도록 여건을 만들어주는 노력이 필요하다.

	나 중심	상대방 중심
맥락	왜곡	적극적인 경청
내용	선택적인 경청	피상적인 경청

위의 표에서 보는 것처럼 나 중심으로 이야기의 맥락만 파악하면 왜곡이 되고, 내용에만 집중하면 필요한 것만 듣는 선택적 경청이 된다. 반대로 상대방을 중심으로 이야기를 들을 때 내용에만 집중하면 피상적인 경청이 되고 만다. 결국 상대를 중심으로 맥락을 이해하고 이야기를 듣는 것이 경청의 핵심이다. 그러기 위해서는 긴 시간 상대를 관찰하고 진심으로 이해하고자 하는 의지가 따라야 한다.

결국 경청은 확인을 통해 상대가 더 많은 이야기를 할 수 있도록 만들어주는 것이며, 공감할 수 있는 피드백을 통해 일치적인 소통을 가능하게 하는 것이다. 이때 피드백은 즉각적이고 솔직하되 상처를 주지 않는 방식이어야 한다.

스튜디오 대기실에서 방송을 기다리고 있는 출연자들에게 "오실 때 힘들지 않으셨나요?" 하고 묻는다. 이때 대답은 보통 두 가지로 나뉜다. "아니요. 잘 왔습니다" 하고 단답형으로 대답하거나 "잘 왔어요. 안내해주시는 분이 어찌나 친절하던지, 방송국 참 오랜만에 오는데 많이 달라졌네요" 하고 길게 표현한다. 전자의 경우, 함께 생방송을 진행할 때 원고에 없는 질문을 던졌다가는 방송사고가 발생하기 십상이다. 이처럼 상대의 말에 집중하면 그 사람의 유형도 파악할 수 있다.

경청을 하고 싶어도 그러지 못하는 경우가 있는데, 이는 방해 요인 때문이다. 상대의 말을 들을 때 내용에 집중하지 않고 겉모습을 살피고 비교한다든지 질문을 해놓고는 그다음 할 말을 미리 생각하는 사전 연습, 스키마(schema: 나의 인식/신념 체계)에 따른 선택적 듣기, 자기 생각을 단정적으로 말해버리는 단정하기, 그리고 상대를 배려하지 않고 마음대로 딴 이야기를 하는 주제 이탈 등이 있다. 이 중에서 가장 문제가 되는 것은 스키마다. 스키마는 생각의 틀(frame)로서, 긍정적으로 보면 신념이 되고, 부정적으로 보면 아집이 된다. 자신만의 틀이 견고하게 형성되어 있어서 다른 사람의 이야기를 받아들일 틈이 없는 것이다.

평소 우리의 대화 상황을 떠올려보자. 상대의 이야기가 끝나지도 않았는데 우리는 흔히 이런 반응을 보인다. "에이, 그건 아니지. 네가 잘못 생각한 거야." "왜 그랬어? 잘하라고 했잖아. 네가 잘못 판단한 거야." 이렇게 섣부른 판단을 하거나 단정하는 습관이다.

듣는 일이 어렵게 느껴진다면 3단계 듣기법을 활용해 보자.

1단계는 귀로 듣는 것이다. 이때 키워드는 집중이다. 대화 중에 수시로 휴대전화나 시계를 들여다보는 사람들이 있는데, 절대 그래서는 안 된다. 오직 상대에게 집중하도록 한다. 뇌신경과학자는 앤드류 뉴버그는 fMRI(뇌 영상촬영기술)라는 장치를 통해 사람들이 대화할 때 뇌의 움직임을 관찰했다. 특히 자신과 관계가 깊지 않은 사람과 대화할 때도 상대의 이야기를 집중하겠다는 의지만으로 말하는 사람이 활성화된 뇌의 부위와 듣는 사람의 뇌가 같이 활성화됐다. 공감공명이 된 것이다. 상대의 이야기에 집중하겠다는 의지만으로 상당한 효과가 있었다.

2단계는 몸으로 듣는 것이다. 이때 키워드는 반응이다. 오프라 윈프리가 그랬던 것처럼 상대와 눈을 마주치고 고개를 끄덕거리며 추임새를 넣는 것이다. "아, 그랬군요. 그래서 어떻게 됐나요?" "더 말씀해 보세요. "그럴 수도 있겠네요" 처럼 말이다. 또 메모를 하는 것도 좋은 반응이다. 가장 좋은 반응은 상대의 이야기를 되새겨 말하는 것이다. 이런 행위는 상대에게 자신이 집중하고 있음을 확인시켜 주는 효과가 있다. 그러면 상대는 신이 나서 더 많은 이야기를 하게 된다. 특히 자녀들에게 적용해 보면 확인하는 것이 상대를 얼마나 기분 좋게 만드는지 알 수 있다.

3단계는 마음으로 듣는 것이다. 이때 키워드는 인정이다. 하지만 무조건 동의하라는 말이 아니다. 각기 다른 환경과 생각을 가지고 있는 우리는 타인의 의견에 선뜻 동의하기가 쉽지 않기 때문에 서로를 억지스럽게 하나로 맞추려고 하다 보면 갈등이 발생할 수밖에 없다. 마음에도 없는 동의보다는 상대방의 이야기를 있는 그대로 인정할 줄 아는 여유가 더 필요하다.

관찰

앞서 인용했던 여우와 두루미의 우화에서도 살펴보았듯이, 두루미는 자기 입장에서 여우를 추측하고 판단함으로 인해 갈등을 만들게 된다. 그래서 사적인 감정을 배제하고 상대의 행동을 있는 그대로 관찰할 줄 아는 능력이 필요하다. 이는 상대와 문제를 분리해 문제에만 집중하는 능력이라고도 할 수 있다. 감정이 개입되면 문제와 상대를 동일시하는 오류를 범하게 된다. 잘못된 행동을 한 아이에게 "또 그랬니? 너는 정말 구제불능이

구나" 하고 예단한다면 아이는 정말로 발전의 기회를 잃고 만다. 무조건 아이를 나무라기보다는 왜 그럴 수밖에 없었는지, 자꾸 실수하는 이유가 무엇인지를 파악하는 것이 더 중요하다.

그런데도 우리는 문제가 발생하면 해결하려고 하기보다 문제를 일으킨 사람 자체를 매도하는 경우가 많다. 사람인 이상 감정적 충돌과 갈등을 무조건 피할 수는 없겠지만 갈등 시 문제에서 한 발 떨어져 객관적인 시각을 유지할 수 있어야 한다. 또한 만남의 과정에는 돌발적인 변수들이 역동적으로 일어나기도 한다. 이유를 알 수 없는 상대의 비웃음과 갑작스레 불같이 솟구치는 상대의 화로 인해 적잖은 당혹감을 느낄 수도 있고, 대화 자체가 불가능할 수도 있다. 그럴 때는 적절한 상황 판단이 필요하다. 계속해서 이야기를 끌어가거나 관찰하는 것이 효과적일지, 아니면 시간을 두고 기다리는 것이 효과적일지 판단해야 한다.

경청과 관찰이 주는 선물은 상대의 유형을 파악할 수 있는 힘을 갖게 된다는 것이다. 오랜 시간 경청과 관찰을 하면 상대를 알 수 있다. 소심하고 내성적인 사람에게 아무 생각 없이 이따가 보자고 말하면 상당히 걱정을 많이 한다. 특히 상사가 그냥 고민 없이 "이따 퇴근 전에 나 좀 보고 가"라고 하면 문제는 더 심각해진다. 외모에 신경 쓰는 친구에게 "너 요즘 좀 부은 것 같다"라고 하면 상대에게는 치명타를 줄 수 있다. 이번 달부터 다이어트를 시작했는데 부었다고 하면 좌절할 수 있기 때문이다.

사실 교회에서는 일반 사회보다 더 많은 교류와 대화가 이루어진다. 아니 그렇게 보인다. 그런데 과연 공감적 대화라고 할 수 있는지 생각해 보면 의문이 든다. 대화를 하지만 상대를 배려하는 말을 많이 하지 않고 대화의 양은 많지만 질이 낮은 경우가 있다. 교회에 오래 다닌 사람은 교회의 분위기, 조직, 그리고 위치 등을 잘 알고 있으므로 대화에 거리낌이 없다. 반면에 처음 교회를 등록한 사람 입장에서는 낯설다. 그런데 대화 시 좋은 의도이긴 하지만 교회 오래 다닌 사람이 하고 싶은 얘기를 하는 경우를 목격한 적이 있다. 공감의 통로는 만들지 않고 자기 이야기만 하는 것이다. 자기 말만 자기 입장에서 말하고 대화를 했으니 좋은 소통을 했다고 생각하는 경우도 있을 것이다.

대화는 양이 아니라 질이 중요하다. 그리고 통로를 만드는 것이 무엇보다 중요하다. 그러기 위해서는 상대를 파악하는 것이 필요하다. 다음의 방식이 모든 사람의 유형을 대변하지 않는다. 하지만 유형을 파악하는 데 조금이나마 도움이 될 것이다. 이제 대화할 때는 내가 궁금한 것을 물어보는 것이 아니라 상대가 쉽게 대답할 수 있는 것으로 해야 한다.

사람 유형 파악

　효과적인 공감을 위해 필요한 것이 인간에 대한 이해다. 누군가와 공감대를 이루려면 역시 상대를 잘 알아야 한다. 사람은 다양하다. 한 가족인 부모, 자녀, 그리고 형제도 모두 다르다. 세상에 똑같은 사람은 결코 없다. 하지만 어느 정도는 비슷한 유형으로 구분할 수는 있다. 직장인이라면 상사와 동료들과 잦은 업무적 소통을 해야 한다. 같은 일을 하고도 어떤 사람은 칭찬을 받는가 하면 어떤 사람은 지적을 받는다. 사람마다 성향과 선호하는 방식이 어느 정도 차이가 있다. 그런 차이를 모르고 자기 방식대로만 접근하면 안 된다. 데이터를 중시하는 상사에게 추상적인 구호는 의미가 없다. 어떤 상황에서든 상대가 원하는 바를 정확히 알고자 노력하면 상황에 맞게 대처할 수 있고 관계도 원만해진다.

환경인식에 따른 구분

　일반적으로 사람들은 태어나서부터 현재에 이르기까지 나름의 동기에 따라 일정한 행동 방식을 취한다. 이는 하나의 경향으로 굳어져 일을 하거나 생활하는 환경에서 자연스럽게 드러난다. 이것을 심리학에서는 행동 패턴 혹은 행동 스타일이라고 한다. 1928년 컬럼비아대학교의 심리학 교수인 윌리엄 마스턴(William Marston) 박사는 사람들의 행동 패턴을 관찰해 독자적인 행동 유형 모델을 만들어 설명했다. 그의 이론에 의하면 인간은 환경을 어떻게 인식하고 또 그 환경 속에서 자기 개인의 힘을 어떻게 인식하느냐에 따라 네 가지 형태로 행동을 한다고 한다. 그 네 가지 패턴은 바로 주도형(Dominance), 사교형(Influence), 신중형(Conscientiousness), 그리고 안정형(Steadiness)이다. 각각의 성격적 특징에 대해 자세히 알아보자.

신속한 결정

일 중심	주도형 (D) - 결과 지향적임 - 신속하게 결정 - 도전을 받아들이고 적극적으로 해결 - 지도력 발휘 - 포기하지 않음	사교형 (I) - 호의적인 인상이며 관계가 좋음 - 말솜씨가 좋음 - 설득을 잘함 - 그룹 활동을 선호	사람 중심
	신중형 (C) - 원칙과 기준을 중시함 - 분석적임 - 갈등에 우회적으로 접근함 - 비판적임	안정형 (S) - 충성적이며 협조적임 - 참을성 있고 꾸준함 - 경청을 잘함 - 쉽게 동의함	

심사숙고

첫째, "안 되면 되게 하라"는 모토로 살아가는 주도형(D)은 성공적인 결과를 얻기 위해서라면 어떻게 해서든 스스로 장애를 극복하는 저돌적인 타입으로, 자기 자신이 통제권을 가지고 일이든 사람이든 조율하기를 원한다. 이들은 대부분 일방적으로 소통하기 때문에 인간관계를 맺는 데 어려움이 있으며, 그로 인해 갈등 관계에 놓일 확률이 높다. 그뿐만 아니라 갈등 상황에서도 자기주장만 내세우거나 상대방이 수긍하지 않을 경우 쉽게 화를 내고, 위기 상황에서 독재적으로 행동하기 일쑤다.

이런 성향의 사람들은 일방적인 소통을 고집하기 때문에 관계를 형성할 때는 먼저 인정해 주는 배려가 필요하다. 처음부터 단점이나 문제점을 지적하면 그들은 주도권을 잃었다고 생각해서 이내 마음을 닫아버린다. 이때 참을성을 가지고 상대방의 이야기를 경청하고 인정해 주면서 따뜻한 어조로 상대방의 문제점에 대해 설명하는 것이 효과적이며 적극적인 개입보다는 관계 형성을 통해 상대방이 스스로 자신의 이야기를 하도록 해야 한다. 그렇게 하면 아무리 독불장군격인 주도형도 서서히 마음의 문을 열게 된다.

둘째, 사교형(I)의 경우 상대방을 설득하거나 지대한 영향을 줌으로써 환경을 변화시키는 유형이다. 사람을 좋아하는 이 유형의 특성상 관계 맺기를 즐기고 그 관계를 지속하기 바란다.

또 이 유형의 사람들은 의사소통에 있어서도 열정적이다. 이런 사람들은 지속해서 관계를 유지하며 마음을 열어 보다 많은 이야기를 나누는 것이 효과적이다.

셋째, 좋은 게 좋은 거라고 생각하는 안정형(S)은 일을 수행하기 위해 다른 사람들과 잘 협력하는 유형이다. 이들은 권한과 책임이 명확한 상황 아래서 조화롭게 일하는 것을 좋아하며, 이를 최고의 가치로 여기기 때문에 갑작스러운 변화를 유도하는 것은 바람직하지 않다. 그래서 상대방에게 요구되는 변화가 가정, 조직, 그리고 관계에 있어 왜 필요한지 충분히 이해시켜야 한다. 더불어 맞춤형 로드맵을 제시해서 철저하게 계획을 세워주는 것도 필요하다.

넷째, 믿을 것은 자료뿐이라고 생각하는 신중형(C)은 일의 정확성과 원칙을 매우 중요하게 여기는 사람이다. 논리적이고 체계적인 접근을 즐기는 타입이기 때문에 이런 사람들에게는 정확한 사실과 근거를 활용해 설득해야 한다. 사적인 질문이나 이야기로 다가가기보다는 이성적이고 차분한 내용의 대화로 먼저 상대의 마음을 사로잡고 인정받는 것이 중요하다. 세세한 부분까지 파고들 수 있으므로 다양한 논리와 근거를 준비한다.

표현방식에 따른 구분

이번에는 표현하는 방식에 따른 구분으로 긍정적으로 표현하는 사람과 매사 부정적으로 표현하는 사람들은 각각 어떤 특징들을 가지고 있는지 알아보자.

	사물을 긍정적으로 보는 사람	사물을 부정적으로 보는 사람
모두에게 표현을 잘하는 사람	사람과 조직에 활력을 불어넣는 사람이다. 칭찬과 배려로 관계를 유지한다. 하지만 일 처리에 있어서 지나치게 낙관적이어서 놓치는 부분이 생길 수 있으며 또 다른 사람의 시기와 질시를 받을 수 있다.	사람과 조직에 해악을 끼치는 사람이다. 어느 정도의 비판은 서로에게 도움이 되지만 그것이 습관적이고 반복적으로 지속되면 그 부정적 기운이 모두의 힘을 앗아간다. 조직의 뒷이야기를 잘하는 사람으로 항상 불만이 많다.
소수에게만 표현을 하는 사람	진지하고 묵묵하게 자기 일을 수행하는 사람이다. 하지만 회의나 중요한 자리에서 자신의 의견을 피력하지 않음으로 인해 오해를 사거나 실기할 수 있다. 관계 형성은 일종의 표현인데 이를 하지 못해 대인관계에 문제가 발생할 수 있다.	분노와 부정의 힘을 안으로 쌓아두는 사람이다. 겉으로는 웃으며 일정한 관계를 유지하지만 내부의 부정적인 시각을 억누르다가 한꺼번에 폭발하는 스타일이다. 그 폭발은 대부분 공격적이며 극단적인 행동으로 나타난다.

첫 번째 유형인 긍정적이며 표현을 많이 하는 사람에게는 어떤 식의 접근 방법이 좋을까? 워낙 관계성이 좋고 말을 많이 하는 사람이기 때문에 열린 질문을 제시할 필요가 있다. "요즘 어

떻게 지내세요? 별문제는 없죠?"라고만 던져도 가슴속에 있는 이야기를 어렵지 않게 쏟아낸다. 이때 상대방이 너무 많은 이야기를 하면서 주제에서 벗어날 수도 있다. 그때는 구체적인 질문을 던져 이야기하던 주제로 다시 돌아올 수 있도록 유도하는 것이 좋다.

두 번째 유형인 긍정적이며 표현을 하지 않는 사람에게는 구체적인 질문이 필요하다. 차분히 상대방을 관찰한 후 파악한 내용을 바탕으로 세심하게 질문을 던진다. 상대가 적극적으로 말할 수 있는 분위기를 만드는 데 효과적이다. 특히 칭찬을 통해 상대의 자존감을 키워주는 것이 좋다. 이 같은 질문 방식은 상대방으로 하여금 인정받고 있다는 느낌이 들게 하기 때문에 관계 형성에 매우 긍정적인 효과를 낼 수 있다. 한발 더 나아가 표현하지 않음으로써 어떤 오해를 불러올 수 있는지 그동안의 경험과 사례를 제시해서 자연스럽게 깨닫게 한다. 그런 뒤에 시간이 지나면서 차츰 표현하는 데 익숙해지도록 분위기를 만들어 준다.

세 번째 유형인 부정적이며 표현을 많이 하는 사람은 매사를 자기중심적으로 생각하는 경향이 강하다. 따라서 역지사지의 마음을 가질 수 있도록 유도해야 한다. 이 유형의 사람에게 무작정 지적만 하다가는 오히려 큰 반감을 불러일으키게 할 수 있으므로, 충분히 경청한 후 여러 가지 상황을 제시함으로써 다른 사람이라면 어떤 느낌이 들지에 대해 생각하도록 유도하도록 한다. "당신은 이것이 문제입니다" 하는 식의 직접적인 표현보다는 "이런 경우, 이렇게 하면 어땠을까요?" 또는 "당신의 그런 행동으로 다른 사람은 어땠을까요?" 등의 우회적이고 겸양적인 표현을 사용하는 것이 좋다.

마지막으로 부정적이며 표현을 잘 하지 않는 사람은 가장 위험한 유형이라고 할 수 있다. 불만이 없는 것이 아니라 속에 분노를 숨기고 있기 때문이다. 이런 상대는 문제에 대해 먼저 이야기를 꺼내면 반발하기 십상이다.

이런 유형은 먼저 가벼운 신변잡기로 말문을 열게 한 다음 스스로 자기 생각을 표현하도록 유도해야 한다. 유의할 점은 이 유형은 대화를 하는 도중에도 싸움을 걸어올 수 있으므로 인내를 가지고 근본적인 질문들을 해야 한다는 것이다. "요즘 어떤 일로 스트레스를 받나요?" 또는 "지난번에 보니까 몹시 피곤해 보이던데, 무슨 일이 있나요?" 하고 물어서 스스로 이야기를 하도록 유도해야 한다. 직접적인 문제 제기로 갈등적 요인을 부각하기보다는 우선 갈등의 감정을 표출하도록 유도하는 것이다. 이런 사람들에게는 스스로 분노를 표현할 수 있는 대화의 장을 만들어주는 것이 무엇보다 중요하다.

스트레스 반응에 따른 구분

미국의 가족치료 대가인 버지니아 사티어(Virginia Satir)는 사람에게는 빙산처럼 겉으로 드러나 보이는 부분과 바다 밑 숨겨진 부분이 있다고 말한다. 사티어에 따르면 보이는 부분은 신체나 행동 등을 의미하고, 숨겨진 부분은 스트레스를 받으면 나타나는 네 가지 자기보호 방식으로 나타난다. 하나의 예로, 만약 길을 걷다가 누군가와 부딪쳤을 때의 사람들이 보이는 반응을 한번 살펴보자.

A : 아이고, 죄송합니다. 제가 정신이 없어서 그만⋯.
　　참 바보 같죠?
B : 당신 뭐야? 조심해야 할 거 아냐!
C : (눈치를 살핀 후) 사과드립니다.
　　문제가 있으면 제가 처리해 드리겠습니다.
D : (옆 사람에게) 저 사람 뭐야!

먼저, A 반응을 보인 사람은 회유형(Placater)이라고 할 수 있다. 타인과 상황을 중시한 나머지 자신을 비하하는 스타일이다. 지나친 겸손으로 오히려 상대방을 당황하게 한다. B는 비난형(Blamer)으로 자신만을 중요하게 여긴다. 다른 사람이 뭐라고 하든 말든 자기가 옳다는 것을 강조한다. C는 상황을 중시하는 계산형(Computer)이다. 상황을 판단하고 그것에 맞게 대처하는 사람이다. 즉, 상황에 따라 처신이 다르다. 마지막 D는 혼란형(Distracter)이다. 이 유형의 사람은 상황이나 상대방은 물론 자기 자신에 대해서도 적절히 고려하지 못하는 사람이다.

사티어는 이런 네 가지 반응 유형 모두 문제점이 있다고 말한다. 가장 이상적인 것으로 일치형을 제시한다. 즉, 자기 생각, 말 그리고 행동이 일치하는 유형으로 문제 상황이 발생했을 경우 자기감정을 속이지 않고 솔직히 표현하고 평가를 받는 것이다. 그것이 설령 다른 사람의 오해를 불러올 수도 있겠지만 궁극적으로 자신을 위해서 반드시 필요하다. 마음, 생각, 그리고 행동이 일치하지 못하면 분노가 쌓이고 이는 언제든 폭발할 수 있기 때문이다. 이것은 다른 사람과의 관계를 더욱 악화시키게 된다. 따라서 일치적 소통이 필요하다. 일치형의 인물이라면 위의 상황에서 "내가 당신을 밀었군요. 죄송합니다. 괜찮으신지요?" 하는 반응을 보일 것이다.

지금까지 여러 기준에 따라 사람들의 성격 패턴을 나누어보았다. 사실 개인의 성향을 자로 그은 것처럼 명확하게 규정한다는 것 자체가 어리석은 일인지도 모른다. 사람들에게는 다양한 유형들이 조금씩 혼재되어 있고, 그중 어떤 부분이 좀 더 특별하게 도드라지느냐에 따라 성격 혹은 성향이라는 것이 드러날 뿐이다. 중요한 것은 자기 행동 스타일을 스스로 파악하고 더 나아가 다른 사람의 유형을 이해하고자 하는 것이다.

분위기 조성

공감을 효과적으로 하는 데 있어 분위기 조성 또한 중요한 요소다. 수사학에서 말하는 분위기 조성을 살펴보자. 그리스의 수사학을 로마에 도입한 사람은 키케로다. 그는 다양한 저술을 통해 웅변학과 수사학 이론을 정립하는 데 큰 역할을 했다. 수사학의 출발은 법정언행 스피치로 재판에서 이기는 방법을 연구하는 것이었다. 그리스 시대 제왕 군주에게 땅을 빼앗긴 사람들이 법정에서 자신을 변론해야 했는데 그 변론을 도와준 사람들이 소피스트들이고 그들의 방법을 체계화한 것이 바로 수사학이다. 수사학은 설득의 방법을 연구하는 학문인 것이다.

그가 제시한 설득의 방법은 다음과 같다.

1단계는 분위기를 조성하라는 것이다. 상대가 처한 상황과 감정을 읽어 우호적인 분위기를 만들어야 한다는 것이다. 절대로 자기 생각을 먼저 나타내지 말라고 권한다.

2단계는 상대의 생각을 바꾸라는 것이다. 분위기가 무르익었다면, 상대는 자기에게 호의를 느껴야 한다. 만약 그렇지 못하다면 2단계로 들어갈 수 없다. 가장 좋은 방법은 상대의 언어를 통해 자기 메시지를 전하는 것이다. 평상시 관찰한 상대의 표현, 말투, 그리고 생각 등을 적절히 활용해 자기 의견을 표현하는 것이다. 때로는 말하기 보다 행동하는 것이 좋을 수 있다.

마지막 3단계는 상대가 행동하게 하라는 것이다. 어떻게 행동하게 만들 수 있을까? 그러기 위해서 일단 키케로는 기다리라고 권한다. 1, 2단계가 충족되었다면 조급해하지 말고 참고 인내하는 것이 필요하다.

키케로의 설득에 있어서의 핵심은 분위기를 만드는 것이다. 먼저 내 의견을 말하지 않고 상대가 편한 상태를 만드는 것이 중요하다는 것이다. 우리가 상대의 스타일과 유형을 파악했다면 우호적 분위기를 만드는 것이 필요하다.

분위기를 조성하기 위해 예수님은 식사를 같이 하는 것을 통해 사람들과 소통하셨다. "언제 밥 한번 먹자"고 우리는 인사치레로 말을 하지만 함께 식사를 하는 것을 통해 관계를 맺기 시작한다. 남녀노소 그리고 직분과 관계없이 평등하게 한자리에 앉아 같은 음식을 경험한다. 식사를 하며 다양한 주제의 대화가 오가는데 어색한 사람이라도 밥과 건강에 대한 이야기는 부담이 없다. 예수님은 그를 따르는 제자뿐 아니라 오병이어의 기적을 통해 일반 대중들과도 식사를 하셨다. 심지어 적대세력인 바리새인과도 식사를 하셨는데 같이 경험할 수 있는 분위기를 만들기 위해 노력하신 것이다.

개방형, 폐쇄형 질문

만일 버스에서 정말 마음에 드는 이성을 본다면 어떻게 행동할 것인가? 어떤 말을 걸어 자연스럽게 대화가 나오도록 유도할 것인가? 대화가 시작된다는 것은 관계의 시작이지만 상대가 아무런 말도 하지 않는다면 불통이다. 예전 광고에 나온 것처럼 "저 이번에 내려요" 혹은 "아름다우십니다" 등등의 말로는 아무런 소득도 없다. "어디까지 가세요?"는 그럴듯해 보이지만 이는 우리 대화의 잘못된 패턴이다.

질문에는 크게 두 가지가 있다. 개방형 질문과 폐쇄형 질문이다. 개방형 질문은 상대에게 주도권을 주는 것이다. 반면 폐쇄형 질문은 내가 주도하는 것이다. 우리는 평소 폐쇄형 질문에 능한데 결국 자기중심적 관계를 맺게 된다. 예를 들어 힘든 일을 겪은 사람에게 말을 걸어야 하는 상황을 생각해 보자. 그 일이 어떻게 진행되는지 듣고 싶은 마음에 우리는 상대를 위하는 척하면서 말을 걸 때가 있다. "아휴, 지난번에 고생 많으셨다구요. 그런데 그 일은 어떻게 되셨어요?" 그런데 상대가 만약 그 일을 잊고 싶어 했다면 난처한 상황에 이르게 된다. 우리는 체크 리스트 대화 즉, 궁금한 것을 일방적으로 확인하고 싶어 한다. 차라리 개방형 질문으로 "요즘 어떠십니까?"라고 묻는 것이 더 지혜롭다.

개방형 질문을 할 때 분위기를 조성하는 스몰 토크(Small Talk, 잡담)를 활용하자. 스몰 토크는 상대가 최근에 한 일, 상대의 관심사, 그리고 공통의 관심사를 주제로 대화하는 것이다. 등산을 좋아하는 사람에게 등산에 대해 먼저 물어보면 쉽게 대화가 이루어진다. 소크라테스의 산파술은 결국 개방형 질문에서 폐쇄형으로 질문하는 방법이고 상대 맞춤형 대화다.

플라톤의 『국가』에 보면 소크라테스와 그리스의 젊은이 트라시마코스의 '정의'에 대해 대화한 내용이 나온다.

그리스 신전 앞에는 여느 때와 마찬가지로 수많은 사람이 모여 있었다. 그들은 삶의 근본적인 고민부터 일상의 잡담까지 다양한 이야기를 교환하고 있는데 오늘의 주제는 정의다. "과연 이 세상의 정의는 무엇이고 정의는 어떻게 구현될 것인가?" 그런데 열심히 토론하고 있는 젊은이를 보고 있는 사람이 있었다. 그의 외모는 못생겼지만 날카로운 눈매와 깊은 표정은 범상치 않았다. 그는 그 젊은이에게 말을 걸었다.

"젊은이, 무엇에 대해 토론하고 있나? 궁금하니 알려주게."

"네, 정의에 대해 말하고 있었습니다."

"정의? 참 어려운 이야기지. 그럼 자네는 정의가 무엇이라 생각하나?"

"정의요? 정의는 엘리트들의 선이라 생각합니다."

"그렇군. 일리가 있네. 하지만 엘리트들은 사람인가 사람이 아닌가?"

"에이, 물론 엘리트들도 사람이지요."

"그렇다면 궁금한 점이 있네. 사람이라면 실수를 하나 실수를 하지 않나?"

"당연히 실수를 하겠죠."

"그럼, 이상한데… 실수할 수 있는 사람들의 선이 정의라면 그 정의가 옳은 것인가?"

"글쎄요."

"정의는 변하지 않는 진리이어야 하지 않나?"

"그렇네요. 더 생각을 해봐야겠습니다."

그 젊은이는 한 아름 고민을 안고 군중 속으로 사라졌다.

대화의 기술은 질문의 기술이라는 것을 이 대화를 통해서 볼 수 있다. 결국 어떤 질문을 통해 상대방과 통로를 만드는 지가 무엇보다 중요하다. 소크라테스는 산파술이라는 기술을 사용했다. 즉, 자기가 알고 있는 바가 있지만 단정하지 않고 상대방에게 끊임없는 질문을 통해 상대가 스스로 문제를 인식하도록 하는 방법이다.

우리는 대화 시 선입관과 편견으로 상대를 예단하거나 추측하는 경우가 많다. 자기 생각으로 상대를 바라보지 말고 상대를 알아가고자 하는 호기심과 진심으로 상대에게 질문을 해야 한다. 분위기를 좋게 만들 수 있는 질문 말이다.

소크라테스는 트라시마코스를 먼저 발견하고 그를 관찰했는데 그는 조급하지 않았다. 그가 말하는 내용과 태도를 보면서 어떤 질문을 해야 하는지 고민했다. 또한 첫 질문에서 상대에게 기회를 주었고 상대 스스로 많은 이야기를 할 수 있도록 분위기를 만들어 주었다.

결국 상대의 이야기를 듣는 경청의 힘이 있었기 때문에 대화를 막힘없이 부드럽게 진행한 것이다. 그런 상대에 대한 맞춤형 대화 기술이 있었기 때문에 대화의 목적인 '너 자신을 알라. 즉, 나는 생각보다 많이 알지 못한다'라는 깨달음을 사람들에게 주게 된다.

공감의 과정을 정리해 보자면 다음과 같다.

관심 – 차이인정 – 경청/관찰 – 상대분석 – 분위기 조성 – 진짜대화

먼저 상대에게 관심을 갖는 것이다. 물론 나와 다르다는 차이 인정을 염두에 둬야 한다. 그리고 상대를 경청과 관찰해서 분석한다. 그것을 바탕으로 편안한 분위기를 조성하고 마지막으로 내 의도를 말하는 진짜 대화를 하는 것이다.

우리는 종종 누구와 몇 번 만나고 얼마나 같이 있었는지를 통해 관계가 좋은 것으로 착각한다. 무턱대고 대화를 하는 것은 좋은 방법이 아니다. 어찌 보면 형식적인 관계만 유지될 수 있기 때문이다.

즉, 상대의 언어를 배우기 전까지는 대화를 미루는 것이 좋다. 서로의 의견을 개진하는 깊은 관계의 커뮤니케이션을 말이다. 우리는 보통 상대의 기분 고려 없이 나의 입장만을 말하고 상대가 침묵하면 상대도 내 의견에 동조하고 같은 기분일 것이라는 착각에 빠진다.

심리적 동등감, 눈높이를 맞추는 작업인 공감은 쉽게 이루어지지 않는다. 생활 속에서 무던히 노력하고 훈련할 때 가능하다. 먼저 나의 언어로 대화하지 말자. 관찰하고 경청을 통해 상대의 스타일과 언어를 이해한 후 대화를 시도하자. 그런 과정에서 상대와 탄탄한 통로가 만들어질 것이다.

4

관계의 힘
한 사람과의 깊은 교제
적절한 거리와 건강한 관계

소통의 3단계
: 관계 맺기

황금률을 지켜라

예수님께 소통을 배워라

1. 관계의 힘

어둡고 답답한 지하 동굴 무덤에 무려 300년 동안 사람이 살았다. 대를 이어 그곳에서 평생 햇빛을 보지 못하고 산 사람도 있었다. 키는 150cm 이하였고 평균 수명도 짧았다. 그들은 바로 로마의 박해를 피해 지하 무덤으로 숨어든 기독교인들이었다. 그들이 생활한 곳의 이름이 바로 카타콤(Catacombs)이다. 지금도 안내인 없이 들어갔다가는 길을 잃고 사고가 나는 위험한 곳이다. 미로 형태로 지하 깊숙이 설계된 카타콤에서 그들은 어떻게 살 수 있었을까? 무엇이 그들의 어려움과 불안을 이길 수 있게 해 주었을까?

그것은 바로 관계다. 하나님과 더 밀접하고 내밀한 관계, 함께 생활하는 성도들과의 관계만이 그들의 삶을 지탱해주었다. 그들은 서로 존중하고 배려하며 극단적 위기 상황을 이겨낼 수 있었다. 관계 맺기를 통해 그들은 삶에 대한 용기와 면역력을 키웠을 것이다. 모두 동일하게 느낀 불안함을 서로 공감하고 배려하며 신뢰를 쌓으며 공동체를 만들어냈다. 그들은 육체적 한계와 물리적 상황을 사람과 사람 간의 따뜻한 관계의 체온으로 견딘 것이다. 하나님과의 관계, 그리고 사람과 사람의 관계는 사람을 강하게 만든다. 거기에 불안을 극복하는 길이 있다.

서울대 노화고령사회 연구소에서는 100세 이상 장수하는 노인들의 특징을 분석하고 있다. 우리나라뿐 아니라 전 세계 장수 마을을 찾아가 그들의 공통점을 찾고 있는데 대표적인 특징은 3가지다. 그중 두 가지는 우리가 귀가 따갑도록 들었던 것인데 바로 운동과 채소를 중심으로 한 소식(小食)이다. 그리고 마지막 한 가지는 바로 관계성이다.

경남 함양에 사셨던 100세가 넘으신 할아버지의 일과는 옆 마을에 사는 친구 할아버지를 만나는 일이다. 그 마을에 가기 위해서는 산 하나를 넘어야 하는데 이틀에 한 번꼴로 5km가 넘는 그 길을 마다하지 않고 가셨다. 마을에 머무는 시간은 1-2시간뿐이지만 그 일은 할아버지의 낙이며 기쁨인 것이다. 두 할아버지는 그렇게 서로 매일 왕래하며 100세 넘게 장수 하셨다. 걸으며 운동을 할 수 있고 자신의 마음을 알아주는 친구를 만나는 것은 삶의 엔도르핀이 된다.

고령에 남편과 사별한 아내는 상대적으로 오래 살지만, 아내를 잃은 홀아비는 그리 오래 살지 못하는 편이다. 남편의 인간

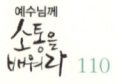

관계라 해봐야 초라한데 일만 하던 남자는 퇴직을 하면 막막하기 때문이다. 워낙 바빠 살아왔기 때문에 직장 밖의 관계를 제대로 맺지 못하지만 여자는 다르다. 천성적으로 사교적이라 상대적으로 많은 모임이 있는데 종교 모임, 친구 모임, 심지어 아파트 모임 등이 있다. 그들은 슬프고 고통스러운 일을 겪을 때 그것을 사람들과 나누며 극복을 한다. 하지만 혼자가 된 남자는 모든 고통을 홀로 감당하는 경우가 많다. 그러면서 차츰 사회와 사람과의 관계가 단절이 되고 심한 우울증을 겪게 되기도 한다.

2년에 걸쳐 전 세계 100여 명의 학자에게 행복에 대해 물었다. 각 나라의 상황에 맞게 행복에 대한 1,000개의 단어가 조사되었다. 그 단어들을 관통하는 하나의 키워드는 바로 관계다. 사람은 사람을 통해 행복과 의미를 찾기 때문에 혼자 살 수는 없다. 자신과의 관계도 물론 중요하다. 자신을 정확히 알지 못하면 선택의 상황에서 우왕좌왕할 수밖에 없다.

좋은 관계는 자신을 건강하게 하며 행복하게 만든다. 그리고 그런 행복은 다른 사람과의 관계를 더욱 풍성하게 하는 선(善)순환적 고리로 연결이 된다. 하나님과의 관계를 바탕으로 다른 사람과의 관계 확장은 나를 건강하게 만드는 것이다. 불안이 불확실한 미래, 경제적 위기, 보장되지 못한 현실 등에서 비롯된 것으로 보이지만 사실 더 깊은 바탕에는 관계가 작용한다.

2. 한 사람과의 깊은 교제

컬럼비아대학교 경영학과 쉬나 아이엔가(Sheena Iyengar) 교수는 선택의 폭과 자유가 만족감에 연결되지 않는다는 것을 보여준 유명한 실험을 했다. 사람들이 자기가 먹고 싶은 잼을 고르게 했는데 한쪽은 24종류, 다른 한쪽은 6종류 중에서 고르게 했다. 어느 쪽을 선택한 사람이 시간이 지날수록 만족감이 커졌을까? 상식적으로는 더 많은 종류 중에 선택한 사람이 만족감이 클 것으로 생각하지만 결과는 달랐다. 6종류 중 하나를 선택한 사람이 만족감이 컸으며 심지어 잼을 구입하려는 강한 의지를 보였다. 반면 24종류 중 하나를 선택한 사람은 3%만 잼을 구입했으며 만족감도 상대적으로 적었다.

문명이 발달하기 전에 나방은 달빛만 보고 비행을 했다. 혼란의 여지가 없었다. 목표물에 별문제 없이 도달할 수 있었다. 그러다 전구가 발명되면서부터 나방의 악몽은 시작되었다. 달빛

보다 더 밝은 수많은 빛이 생겼기 때문이다. 나방은 어디로 방향을 잡을지 몰라 혼란스러워하다가 결국 전등 주위를 맴돌며 죽게 된다. 선택할 대상이 많으면 상대적으로 포기해야 할 대상도 많아져서 미련이 남고, 선택한 것에 대해 기대가 커지면서 실망도 커진다. 우리는 적절한 자유와 구속의 조화가 필요하다.

특히 인간관계에 있어 지나치게 많은 선택과 자유는 한 사람의 구속보다 못할 때가 있다. 친밀한 관계와 유대는 역설적으로 수많은 가능성 속에 길을 잃지 않도록 지켜주기 때문에 도움이 된다. 자유롭게 아무나 쉽게 만나는 것보다 나와 관련 있는 한 사람과의 깊은 관계가 자신에게 도움이 된다. 그런 관계를 통해 우리는 만족을 얻게 된다. 수많은 사람을 만날 수 있는 가능성이 열려있는 노총각과 다른 이성을 만날 수는 없지만 한 사람의 남편으로 사는 사람 중 누가 더 행복하다고 할 수 있을까? 관계에 있어서는 구속과 유대가 더 중요하다고 할 수 있다.

매슬로우(Maslow)의 주장처럼 인간은 소속의 욕구를 가지고 있으며 타인과의 관계를 통해 그 소속감을 느낀다. 그런데 우리는 많은 가능성을 가지고 있지만 한 사람과의 관계를 맺는 것에 능숙하지 못하다. 자유롭게 생각하고 활동하지만 누군가와의 관계를 통해 만족을 얻기는 쉽지 않다.

지금 한번 주변을 둘러보자. 사무실이라면 모두 자기 일을 하고 있을 것이고, 커피숍과 지하철 등 공공장소라면 대부분이 스마트 기기를 가지고 혼자 놀기에 빠져 있을 것이다. 기기와의 관계는 발전하고 있지만 바로 내 옆에 있는 단 한 사람과의 관계 맺기 기술은 떨어지고 있다. 관계가 나를 건강하고 행복하게 만드는 것인데 우리는 그 기술을 습득하지 못한 것이다.

두 아이의 사례를 보자. 한 아이는 미숙아로 태어났다. 그리고 그의 아버지는 두 살이 되던 해에 돌아왔지만 여덟 살 되던 해 부모님이 이혼하면서 그는 늘 혼자였다. 그의 아버지와 어머니는 그를 다시는 보지 않았다. 다른 한 아이는 부모님이 곁에 있었지만 어머니가 정신 장애로 어린 시절부터 폭력에 시달려야 했다. 그가 어린 시절 겪은 정신적, 육체적 폭력은 장애로 이어졌다. 하지만 이 두 아이는 열여덟 살 되던 해 학교에서 인기가 있었고, 공부도 잘했으며 건강한 도덕관을 가지고 있었다. 이 두 아이의 이름은 마이클과 메리다. 이렇게 객관적으로 열악한 상황에서 그들이 건강하게 성장한 원동력은 무엇이었을까?

발달 심리학자인 에미 워너(Emmy E. Werner)와 루스 스미스(Ruth S. Smith)는 야심 찬 연구를 시작했다. 바로 아이들이 성장하는 과정을 추적 조사하는 종단연구다. 그들은 하와이 북서쪽에 위치한 카우아이 섬을 선택했는데 그곳은 외부와의 교류가 활발하지 않고 환경은 열악했다. 1955년 카우아이에서 태어난 833명을 대상으로 그들이 성장해 나가는 과정을 조사했다. 최악의 환경에서 태어난 아이들이 어떻게 자라는지 밝히고자 시작했다. 그런데 시간이 지날수록 이상한 현상을 발견했다. 부정적이고 탈선을 할 것 같은 아이들 즉, 고위험군(201명)의 35%가 성실히 그것도 바르게 성장하고 있었다는 사실이다. 바르게 성장한 35%에 속한 아이가 바로 마이클과 메리다.

그래서 두 연구자는 방향을 새로 잡았다. 불우한 환경에서 그들이 바르게 성장하게 된 원인을 찾고자 했다. 그리고 두 연구자는 그들의 공통점을 발견했는데 그것은 관계였다. 마이클과 메리가 불우한 환경에서 자랐지만 그들을 믿어주는 사람이 있었다는 것이다. 할아버지, 친구, 선생님, 어머니, 아버지, 그리고 동생 등 그들을 믿어주고 지지해주는 한 사람과의 관계를 통해 그들은 자신의 삶을 긍정하며 성실히 자랄 수 있던 것이다.

바로 여기에 관계의 중요성이 있다. 우리는 혼자 살 수는 있지만 그 삶은 힘들고 외로울 것이다. 세상적인 성공을 한다 하더라도 관계성의 회복 없이는 쓸쓸한 모습으로 자신의 삶을 마무리하게 될 것이다. 나를 믿어주는 단 한 사람을 통해 때로는 세상을 살아갈 힘을 얻고 휴식을 취하며 위로를 받는다. 그 단 한 사람이 당신의 곁에 있는가? 없다면 지금부터 내가 먼저 다가가 소통의 물꼬를 트는 것은 어떨까?

3. 적절한 거리와 건강한 관계

거리 두기

앞서 살펴본 공감에서 강조한 것은 심리적 동등감을 통한 통로 만들기였다. 관계 맺기에 있어 중요한 또 하나가 있다. 통로 만들기와 배치되는 것처럼 보이지만 역설적으로 관계 맺기는 거리 두기다.

철학자 쇼펜하우어(Schopenhauer)는 "사람과 사람 사이, 그것은 호저(고슴도치의 일종)들의 안타까운 모순 속에 숨어있다. 자아의식과 집단의식, 그리고 인간의 삶은 추위 속에 사는 호저와 같다"고 말했다. 추운 겨울 호저 두 마리가 밖에 있는데 이 둘은 힘겨운 밤을 이겨내야 한다. 오직 둘이 의지할 수 있는 것은 서로의 체온뿐이지만 문제가 있다. 서로의 가시가 서로를 찌른다는 사실이다. 그들은 수많은 시행착오 끝에 적절한 거리를 찾는 지혜를 발휘한다.

그 적절한 거리가 어디쯤인지는 사람들 사이마다 다를 것이다. 아무리 가까운 사이여도 상대가 부담스러운 개인적인 이야기를 꺼내는 것은 부적절하다. 내가 편하다고 아무 주제나 꺼내 말하는 것은 자기중심의 방법이다. 친밀하게 다가가되 서로 내어 보이기에 힘들고 불편한 영역에 대해서는 자극하지 않아야 한다. 그러려면 상대방이 보내는 언어적, 비언어적 신호에 민감해야 한다. 상대방은 불편한 기색이 역력한데도 눈치 없이 이것저것 물어보고 아는 체하고 들이미는 것은 관계를 깨뜨리는 지름길이다. 이 세상에 누가 내 마음도 못 읽는 사람을 가까이하고 싶겠는가.

건강한 관계를 위해 필요한 것

통로 만들기와 거리 두기의 조화와 균형이야말로 관계의 황금률이라 생각한다. 이것이 잘 지켜지고 있는지는 다음의 관계 특성을 살펴보자.

첫 번째는 상호작용성이다. 당연하지만 관계는 상대방과 상호작용 없이는 발전할 수 없다. 누군가와 인터뷰를 하는 상황을 예로 들어보자. 한 사람은 질문을 하고 한 사람은 답변을 하는데 질문한 사람이 뭔가를 물은 후 상대의 답변에 적절한 반응을 보이지 않고 그저 질문에만 신경 쓴다. 더 깊은 대화로 들어가면 중간에 추가 질문도 하고 상대의 기분과 상태를 확인하는 추임새도 넣어야 한다.

'아, 내 말에 깊은 관심이 있구나. 마음으로 듣고 있구나' 하는 인상을 줄 때 상대방도 더 깊은 자신의 이야기를 끄집어낼 수 있다. 관계의 진전이 이뤄지는 순간이다. 상호작용은 마치 탁구나 시소게임과 같다. 어느 한쪽이 주도하는 것이 아니라 주거니 받거니 하며 통로가 튼튼해지는 것이다.

두 번째는 개방성이다. 다음의 대화를 살펴보자.

A : 좋은 아침입니다. 주말은 어떻게 잘 보내셨나요?
B : 그럭저럭 보냈습니다. 한 것도 없는데 피곤하네요.
A : 등산 좋아하시는 것 같은데 요즘도 하시나요?
B : 얼마 전에 일이 있어 그만두게 됐어요.
A : 무슨 일이 있으셨어요?
B : 그냥 뭐… 별거 아니에요. 그나저나 주말은 뭐하셨어요?
A : 저도 그냥 보냈죠. 뭐.

분명히 이 두 사람은 서로의 이야기를 듣고 대화를 이어갔다. 하지만 관계성이 높은 대화라고는 할 수 없다. 왜 그럴까? 그것은 서로가 충분히 마음을 열지 않기 때문이다. 한마디로 겉도는, 너무 형식적인 수사만 이루어진 것이다.

강연이라는 것은 짧은 시간에 수많은 청중과 관계 맺기를 하는 작업이다. 강연을 하면서 깨달은 교훈 중 하나는 청중에게 나 자신을 열어야 한다는 것이다. 많은 사람 앞에 말쑥한 차림으로 서서 어떤 메시지를 전달하는 입장이라고 해서 힘든 일이 없겠는가? 약점과 단점이 없겠는가? 당연히 아니다. 나 또한 힘든 순간이 있었고 또 여전히 부족한 부분을 안고 살고 있다. 수천 명의 청중 앞에서도 나의 내면을 드러내 보이는 것이 필요하다는 것을 알게 되었다. 오히려 청중이 많을수록 사람들은 내 고백에 더 몰입했다. 마치 옆 사람에게 내밀한 이야기를 들려주듯 어떤 상황을 공개할 때 청중과 나는 빨리 공감대를 이룰 수 있었다.

우리는 자신을 어떤 식으로든 개방하지 않고 누군가와 깊은 단계로 들어갈 수 없다. 주변을 살펴보더라도 인기가 많거나 친구가 많은 사람은 모두 자기를 잘 여는 사람이다. 자기의 힘들었던 과정을 솔직히 이야기하면서 서로의 통로를 만들어 가는 것이다. 생각해 보라. 주변 사람과 얼마나 숨기고 싶은 과거나 힘들었던 이야기를 나누는가? 나를 둘러싼 사건과 속상한 일을 허심탄회하게 말을 하는가? 나를 먼저 열면 상대도 자연스럽게 마음을 연다.

유명한 스피커들의 공통적인 특징 중 하나가 자기를 열어 청중들과 관계를 맺었다는 사실이다. 오바마는 정치 신인 시절 2006년 민주당 전당대회 연설에서 자신의 불우했던 어린 시절을 고백했고, 스티브 잡스는 2005년 스탠퍼드대학교 졸업식 축사에서 자신의 실패 세 가지를 고백함으로 청년들에게 오히려 희망을 선물했다. 대공황을 이겨낸 프랭클린 루스벨트는 취임사에서 "우리가 두려워할 것은 두려움 그 자체다"라는 말을 하며 자신의 소아마비 경험을 고백해 국민에게 희망을 준다. 관계는 내가 먼저 마음의 빗장을 열어 상대가 들어오도록 만드는 것이다.

세 번째는 지속성이다. 통로를 만들어가는 일은 몇 번의 만남으로 이루어지지 않는다. 기본적으로 물리적인 양적 시간이 필요하다. 연애할 때를 생각하면 이해가 쉽다. 사랑이라는 감정은 폭풍 같아서 모든 것을 덮어 버린다. 상대방의 단점과 문제가 보이지 않는다. 그러다가 감정이 잦아들면 상대의 성격과 문제가 하나둘씩 보이게 된다. 그런데도 관계가 이어지는 것은 함께

한 물리적 시간이 정으로 자리 잡았기 때문이다.

  시야에서 멀어지면 마음도 멀어지게 되어 있다. 그토록 내 인생의 전부 같았던 사람도 시간이 지나면 우리의 일상 속에서 사라지게 된다. 관계는 지속적으로 만나 교감해야 한다. 물론 교감의 질과 마음의 상태에 따라 물리적 시간이 달라질 수 있다. 매일 보아도 상호작용이 잘 안 된다면 지속성은 떨어지는 것이다. 비록 한 달에 한 번 보더라도 전심을 다해 만난다면 강한 지속성을 가진다. 옆에 있는 사람과 상호작용성이 있는 만남을 얼마나 지속하고 있는지 돌아보자.

  네 번째는 회복성이다. 나와 다른 사람이 한 방향으로 나아가는 과정이다. 참 힘든 것은 한 방향으로 나아가지만 절대 하나가 될 수 없다는 사실이다. 나와 결코 다를 수밖에 없는 상대방과 맞추어 관계를 이루어낸다는 것은 거의 기적이다.

  그럼에도 우리는 혼자 살 수도 없다. 여기에 인간의 딜레마가 있다. 나와 다른 누군가와 맞추어 가며 관계를 이뤄간다는 것은 여간 힘든 일이 아니다. 그러기에 더욱 적절한 대처가 필요하다. 관계의 다양한 기술은 차차 설명하도록 하겠다. 그런데 아무리 좋은 관계를 유지한다 하더라도 언젠가는 갈등이 찾아오기 마련이다. 반드시 찾아온다.

이런 부부가 있다. "우리는 한 번도 싸운 적이 없어요. 서로를 존중하고 행복하답니다. 싸우는 부부들이 이해가 되지 않아요." 나는 이런 부부가 이해되지 않는다. 부부는 싸워야 한다. 그리고 싸울 수밖에 없다. 중요한 것은 어떻게 잘 싸우느냐다. 서로 다른 사람이 만나 수많은 문제를 헤쳐나가야 한다.

그러면 당연히 갈등이 생긴다. 갈등이 생긴다는 것은 역설적으로 상대에게 내가 필요한 사람이라는 증거다. 나와 관련이 없는 사람하고는 갈등할 이유가 없다. 내 생각이 상대의 것과 충돌하여 갈등이 깊어진다는 것은 그만큼 서로에 대한 의존성이 큰 것을 의미한다.

그렇다면 싸움과 갈등이 있을 수밖에 없는 구조에서 어떻게 싸우는 지가 중요하다. 갈등이 관계 단절, 회피, 폭언, 상처 주기, 심지어 폭력으로 이어지지 않고 대화와 설득으로 자연히 해소되는 지가 중요한 것이다.

너무 일방적으로 한 사람이 주도하는 관계는 건강하지 못하다. 처음에는 상대에게 맞추어 살지만 어느 순간 다양한 이유로 관계의 금이 가면 항상 맞춰주던 사람은 화가 나고 튕겨 나가게 되어 있다.

그러니 어떤 문제에서는 내가 양보하고 다른 문제는 상대가 양보하면서 조율해 나가야 한다. 문제가 있지만 문제를 풀 수 있고 다시 회복할 수 있는 여지를 갖는 것, 바로 이것이 중요하다는 것을 잊지 말자.

5

준비 단계
공감 스피치의 기술
질문의 기술
갈등 해소의 기술
설득의 기술

소통의 4단계
: 대화

주파수를 맞춰라

예수님께 소통을 배워라

1. 준비 단계

대화는 어찌 보면 맨 마지막에 해야 하는 것이다. 왜냐하면 무턱대고 대화를 시작하면 나의 언어로 말을 하게 되기 때문이다. 소통은 통로를 만드는 것으로 준비단계가 필요하다. 앞서 살펴본 것처럼 하나님과의 관계를 회복하는 것이 가장 중요한 준비다. 이것을 바탕으로 상대와 차이를 인정하고 상대를 파악하는 작업이 뒤따라야 한다. 즉, 자존감과 공감적 이해력을 가져야 한다. 그것이 되었다면 조심스럽게 대화를 시작하자. 대화를 하는 것도 기술과 요령이 필요하다. 무턱대고 대화하는 것은 나의 입장을 상대에게 일방적으로 강요하는 것이다.

맥락 이해하기

어느 주말 오후 나른해진 기분에 커피를 마시고 싶었다. 마침

캡슐형 커피 머신이 집에 있어서 일단 주방으로 갔다. 커피 머신을 앞에 두고 순간 멈칫했다. 뭘 어떻게 해야 하는지 생소하기만 한 것이다. 한 번도 사용해본 적이 없었기에 옆에서 뭔가를 하고 있는 아내에게 도움을 청할 수밖에 없었다.

"나 커피 마시고 싶은데 이 기계 어떻게 하는 거야?"

"먼저 콘센트에 플러그 꽂아."

"어 근데 꽂을 때가 없는데…."

"하나 뽑아야지…."

아내 말대로 뽑긴 뽑았는데 작동 중인 식기세척기의 콘센트를 뽑아버려서 한소리 듣고 말았다.

"왜 그걸 뽑아? 잘 보고 뽑아야지!"

"난 잘 모르잖아…."

"딱 보면 몰라?"

뾰족한 아내 목소리에 심호흡을 한번 하고는 마음을 가다듬었다.

'그래, 참자. 잔소리도 한번 들었으니 이젠 커피를 마실 수 있겠지.'

그런데 그게 끝이 아니었다.

"캡슐 떨어진 통 좀 씻게 싱크대로 갖다 줘."

순순히 통을 들고 갔다.

"이걸 통째로 들고 오면 어떡해! 분리를 해서 갖고 와야지."

부글부글 끓어오르는 것을 참으며 다시 분리를 했다. 이제는 커피를 마실 수 있겠지 생각하고 방으로 들어가려는데 아내의 말은 아직 끝나지 않았다.

"콘센트 뽑아야지. 제자리에 해 놔. 콘센트는 뽑아서 잘 둬야 해. 거기 물이 많아."

나는 아내의 폭풍 잔소리를 도저히 참을 수가 없었다. 마지막 지시는 따르기도 싫어 그냥 내버려뒀다. 언쟁이 시작되는 순간이다. 나에게 왜 먼저 어떻게 하라고 구체적으로 알려주지 않았는지 그리고 잘 모르면 가르쳐 줘야 하는데 질책과 훈계를 해서 화가 났다고 나는 말했다. 그리고 아내는 평소 내가 집안일에 관심이 없고 기본이 안 되어 있다고 말하며 옥신각신 말싸움이 이어졌다.

나는 이 사건을 통해 대화 방식의 여러 문제점을 생각하게 되었다. 이 사건만을 놓고 보면 내 아내가 조금 심했다는 생각이 들 수 있지만, 그간의 상황을 보면 사실 나에게 더 큰 문제가 있었다. 커피 머신을 구입한지 수개월이 지났지만 나는 관심이 없어 기계의 동작을 알지 못했다. 그저 아내가 만들어주는 커피를 홀짝홀짝 받아마셨을 뿐이다. 한마디로 집안일에 전혀 관심이 없었다는 것이다. 내가 평상시 집안일을 적절히 분담하고 관심을 보였다면 아내가 그렇게 발끈하지는 않았을 것이다. 나는 커피를 마시고자 하는 목적을 가지고 접근했고 상대에게 정보를 요구하는 입장이라면 내가 더 참고 상대의 언어와 태도를 살펴야 했을 것이다. 청소, 설거지 등등의 일을 겨우 끝내고 이제 좀 쉬어볼까 하는 아내에게 간단한 커피 머신 작동 하나 못해서 일일이 물어보는 남편에게 짜증 안 날 아내가 얼마나 있겠는가.

　대화를 시도하고자 한다면 상대가 처한 환경과 상황에 대한 존중이 필요하다. 이처럼 대화는 목적뿐 아니라 수많은 맥락과 상황 속에서 이루어지는 것임을 명심해야 할 것이다. 즉, 대화는 내용과 관계라는 두 축을 가진다. 내용 면으로 보면 나보다 아내가 더 잘못한 것처럼 보이지만 관계라는 측면, 그동안 내가 집안일을 소홀히 해서 화가 난 상황에서 본다면 내가 조금 더 잘못한 것이다. 모든 것은 맥락이 있으며 그 맥락을 잘 이해하는 것이 대화에 있어 중요하다. 그 맥락과 관계성을 이해하지 못하면 죽어도 상대를 이해하지 못한다.

남녀의 차이

　또 결정적인 문제는 남자와 여자 사이의 대화 방식에 근본적인 차이가 있다는 것이다. 남자는 동굴형이고 여자는 우물형이라 말하고 싶다. 물론 예외는 있지만 남자들에게는 혼자만의 시간이 필요하다. 특히 안 좋은 일이 있을 때는 혼자만의 시간을 통해 정리하고 자존심을 회복하고 싶어 한다. 남자는 인정과 신뢰를 중요한 가치로 생각한다. 반면에 여자는 인정보다는 배려를 더 갈구하고 우물물처럼 언제 넘칠지 모른다.

어느 날 남편이 회사에서 안 좋은 일이 있어 기분이 좋지 않은 상태로 집에 들어온다고 가정해 보자. 촉이 좋은 아내는 남편에게 "무슨 일 있었죠?" 하며 묻는다. 혼자만의 시간이 필요한 남편은 아니라고 말한다. 씻고 나온 남편에게 아내는 다시 "무슨 일 있었죠?"라고 묻는다. 남편은 살짝 짜증이 나려고 하지만 혼자만의 동굴로 들어가기 위해 참는다. 그리고 조용히 생각을 하는데 아내가 "무슨 일 있었죠?" 하며 또 묻는다. 참다못한 남편은 "아무 일 없었다고 몇 번이나 말해야 해!" 하고 결국 소리를 지른다. 그때 아내가 "역시 당신은 날 사랑하지 않아요" 하며 자신 안의 우물물을 넘치게 한다. 과거의 일을 끄집어내기 시작하는 것이다. 어찌 그리 과거의 일을 상세히 기억하는지 여자의 기억력은 놀랍다. 싸움이 시작되면 거의 백전백승이다. 다양한 과거사들을 너무도 정확히 그리고 상세히 기억하고 있기 때문이다. 이처럼 대화와 생각의 방식이 다르다 보니 차이를 인정하지 못하면 대화 자체가 불가능해진다.

　운전을 할 때도 남자는 길을 좀 헤매도 여자가 자기를 믿고 가만히 기다려주길 바란다. 옆에서 아내가 훈수를 두면 몹시 불쾌해진다. 무시당한다는 느낌이 들기 때문이다. 그와 반대로 여자는 가만히 있는 남편이 짜증이 난다. 배려를 해서 미리 길을 알려주려고 하는데 아무 말도 하지 않기 때문이다.

대화의 기본 원칙

　대화는 상황 의존적이다. 그 말은 절대적 원칙이 없다는 말이다. 그런데 기본 원칙은 알고 있는 것이 중요하다. 상황에 맞게 적용하기 위해서는 기본원칙이 명확해야 한다. 방송에서도 애드리브 즉, 상황 통제력을 발휘하기 위해서는 기본적인 방송 능력을 가지고 있어야 한다. 기본적인 시사 정보, 정확한 발음, 발성, 판단력 등 기본적 능력이 있을 때 돌발적인 상황에서 대처가 가능하다. 이제부터는 대화의 기본적인 원칙에 대해 살펴보도록 하자.

　그라이스(Grice)는 대화의 3원칙으로 협력성의 원칙, 적절한 거리의 원칙, 그리고 공손성의 원칙을 주장했다.

첫 번째는 협력성의 원칙으로 대화를 일방적으로 해서는 안 된다는 것이다. 소통을 잘하기 위해서는 역지사지의 관점 바꾸기(perspective-taking)뿐 아니라 순서 바꾸기(turn-taking)가 필요하다. 관점 바꾸기는 내 입장이 아닌 상대의 입장에서 상황을 바라보는 것이다. 순서 바꾸기는 쉽게 말해서 당신이 10분 말했다면 상대도 10분 말할 수 있도록 하는 것이다. 대화는 그런 것이다. 일방적인 설교와 근본적으로 다른 것이다. 볼링대화가 아닌 탁구대화를 해야 한다.

협력성의 원칙에는 양, 질, 그리고 태도의 규칙들이 포함되어 있다. 우선 상대에게 필요한 정보만을 전해야 한다는 것이다. 즉, 말을 많이 한다고 양질의 대화가 되는 것이 아니다. 아나운서 같은 방송인들은 언어구사력이 좋다 보니 한번 말을 하면 상당히 오래 하는 편이다. 대화란 것은 서로 같이 하는 작업이므로 주거니 받거니 서로에게 말할 기회를 주고 잘 들어주는 태도가 필요하다.

다음으로 질적인 부분이다. 거짓 정보가 아닌 진실한 정보만을 주어야 한다는 것이다. 작은 일이지만 속이고 과장하는 경우가 많다. 남자는 허세, 여자는 허영의 습관이 있는데 이것이 대화할 때 여실히 드러난다. 진실한 정보를 가지고 대화를 이어가야 한다.

　마지막은 태도로 명확하게 말을 해야 한다는 것이다. 얼버무리거나 분명하지 않으면 안 된다는 것이다. 최근에 보면 '결정회피 증후군'에 시달리는 사람이 많은 것 같다. 나도 그렇지만 작은 일에서부터 큰일까지 생각이 많다. 물론 깊은 고민과 생각이라고 할 수 있지만 그것이 지나치면 문제가 된다. 음식을 주문할 때도 머뭇거리거나 "아무거나" 하고 외치는 모습은 상대방에게 좋은 인상을 주지 못한다. 협력성의 원칙은 상대에게 필요한 양만큼의 진실한 정보를 명확하게 전달하는 것이다.

　두 번째는 앞에서 언급했던 고슴도치의 가시와 같은 적절한 거리의 원칙이다. 서로 가까워지기 위해 노력하면서도 서로의 영역을 지켜주는 관계 말이다. 우리는 누구와 친해지면 그 사람의 모든 것을 알려고 한다. 하지만 그것은 자기만족이며 욕심이다. 진정으로 사랑하고 좋은 관계를 원한다면 상대의 영역을 인정해 주는 것이 필요하다. 대화 시 내가 가족 이야기를 하고 있는데 상대방이 아무런 말도 하지 않는다면 가족 이야기를 멈춰야 한다. 더 나아가 가족에 대해 물어보는 것은 결례다. 반대로 상대가 가족 이야기를 시작하면 나도 가족 이야기를 시작해서 서로의 공감대를 만들어야 한다.

특히 이성, 부부관계에 있어서 적절한 거리는 무엇보다 필요한 듯하다. 상대가 좋아졌다고 해서 너무 무리하게 접근하고 제약하는 것은 관계를 해치는 지름길이다. 더 가슴 아픈 것은 사랑의 감정과 표현이 서로가 다르다는 사실이다. 그렇기 때문에 오해를 하게 되고 더 다가가 집착을 하게 된다. 사랑은 속도가 다르다. 내가 사랑하는 방식과 상대가 나를 사랑하는 방식이 다르다. 그렇기 때문에 아픔이 있고 오해가 있다. 가슴이 아프고 힘들지만 상대를 정말 잘 사랑하려면 적절한 거리를 유지해야 한다. 고슴도치처럼 말이다.

세 번째는 공손성의 원칙이다. 나를 낮추고 상대를 높여야 한다는 것이다. 대화를 한다는 것은 내가 상대를 필요로 하는 신호가 아닐까? 관계를 맺고자 하는 대화는 상대에게 내가 당신이 필요하다는 것을 보여주는 것이다. 그렇다면 나를 낮추고 상대를 높여야 한다. 성질을 부리고 상대를 무시했는데 기분이 좋아지고 원하는 관계로 발전한 적이 있는가? 절대 그럴 수 없다. 우리는 감정에 휩싸이지 않게 조금 더 이성적일 필요가 있는데 궁극적으로 나를 위해서도 좋다.

대화는 일방적인 볼링이 아니라 탁구 같아야 한다. 앞서 강조한 것처럼 소통이 안 되는 이유는 바로 상대방에 대해 관심이 없기 때문이다. 내가 상대에게 관심이 있으면, 다시 말해 소통에 관심이 있으면 상대를 관찰하고 그의 말을 경청하게 된다. 즉, 상대에 대한 정보가 많고 질문거리가 풍부해진다는 것이다.

당신 옆에 있는 사람에게 질문해 보자. 충분히 고민하고 회심의 질문을 하나만 던져보는 것이다. 어떤 질문이 상대의 마음을 열어 많은 말을 하게 할까? 질문 후 상대가 얼마나 많은 시간을 이야기하는 지가 중요하다. 상대의 상황과 관심을 관찰하는 것이 중요하다. 어떤 사람에게는 "요즘 힘들지? 어때 잘 지내?" 말 한마디로 마음을 움직일 수 있다. 그 사람이 최근 안 좋은 일로 힘들어하고 내가 그것에 대해 계속 관심을 표명했다면 이 말 한마디로 충분하다. 보통 효과적인 것은 상대가 최근 좋아하는 것 또는 몰입해 있는 것 등을 물어보는 것이 좋다. 예를 들어 "요즘 등산에 푹 빠져 산다며? 그래 요즘 어때?" 이 말 한마디면 등산의 모든 것을 들을 수 있을지 모른다. 질문 촉진자가 결국 대화를 잘하는 사람이다.

대화를 잘하는 방법은 자기 노출 즉, 자기 이야기를 적절히 하는 것이다. 미국 오바마 대통령이 2004년에는 정치 신인이었다. 연방의원도 아닌 초선의 주 상원의원이었는데 4년 뒤 미국의 대통령이 되리라곤 그 누구도 상상하지 못했다. 그의 티핑 포인트(tipping point, 극적 전환점)는 2004년 6월에 있었던 미국의 전당대회 연설이었다. 그에게 주어진 시간은 단 17분이었는데 그 중요한 시간의 5분을 자기 이야기를 하는데 할애했다. 흑인 아버지와 백인 어머니, 부모의 이혼 과정, 인도네시아의 새 아버지 이야기 등 다른 사람들이라면 꺼려야 할 자신의 이야기를 솔직하게 그것도 중요한 앞부분에 배치한 것이다. 그 연설을 통해 당시 대통령 후보였던 존 케리 후보보다 더 강한 인상을 남기게 되었고 4년 뒤 그는 미국의 대통령이 된다.

다른 사람 앞에서 자신의 이야기를 한다는 것은 관계를 맺는 마법 같은 힘이 있다. 당신이 힘들고 어려웠던 이야기를 진솔하게 다른 사람에게 한다면 상대가 자신의 이야기를 하게 될 것이고 그것은 대화의 물꼬를 트는 탁구대화의 시작이 된다. 자신을 적절하게 노출하는 것은 탁구대화를 이끄는 지름길이다.

2. 공감 스피치의 기술

당신이 이야기를 하면 상대가 집중해서 잘 듣는가? 그리고 당신의 의도가 오해 없이 상대에게 잘 전달되는가? 그리고 당신의 말을 통해 상대가 상처를 받지 않는가? 공감 스피치란 나의 메시지를 상대의 언어로 말하는 것을 뜻한다. 공감 스피치는 공감공명과 같이 간다. 공감공명은 어떤 일이나 사건을 함께 경험하고 느끼는 것을 말한다. 공감공명이 되지 않으면 공감 스피치가 될 수 없다. 그리고 공감공명만 있고 자기를 표현하지 않는 것도 문제가 있다. 현대는 표현의 시대로 우리의 의사와 느낌을 상대에게 효율적으로 전달해야 한다. 우리의 생각은 말로 표현된다. 그리고 습관적인 말투와 언어는 뇌에 영향을 주게 되고 이것은 행동으로 이어진다. 무의식적으로 나오는 행동들은 내 생각과 언어와 연결이 되어 있다.

공감 스피치가 잘 되고 있는지 점검해 보자. 우선 상대를 존중하고 자신을 낮추는 말하기를 하고 있는가? 예를 들어 목소리가 작은 사람과 대화할 때 "소리 좀 크게 해 주세요"라고 하는지 아니면 "제가 잘 못 들었습니다. 다시 한 번 말씀해 주시겠습니까?"라고 하는가? 우리는 보통 자기중심과 편의에 따라 말을 하게 된다.

또 확인하기와 if-말하기를 하는가? 우리는 상대를 잘 알지 못한다고 인정해야 한다. 즉, 상대가 보여주고 말하는 범위에서 우리는 추측할 뿐이다. 따라서 단정하지 말고 여지를 남겨 두어야 한다는 것이다. "내가 정확히 이해한 거라면(if) 이 말이 맞는지 모르겠네"라고 하는 것이 더 공감적이다. 우리는 상대의 언어와 비언어 단서를 정확히 알아볼 능력이 부족하다. 따라서 예단하거나 단정하지 말아야 한다. 상대의 말투를 보고 상대가 나를 무시한다고 단정 지어버리면 답이 없다. 항상 나는 상대를 원래 잘 모르고 알아간다는 생각이 전제가 되어 있어야 한다. 그리고 자신을 낮추는 겸양적 접근은 기본일 것이다.

신기하게도 부정적인 감정을 말로 표현하면 말하는 사람의 뇌뿐만 아니라 상대의 뇌도 스트레스 물질이 분비된다는 연구가 있다. 이성적으로 대화하다가 서로의 지뢰밭인 정체성을 훼손하는 말이 튀어나오면 그때부터 감정의 소용돌이에 빠지게 된다. 그러면 몸이 변하며 마음에도 없는 말을 하게 되는데 상대방은 그 말에 상처를 받고 더 심한 말을 하게 되고 나는 더 강하게 대응한다. 이런 악순환의 고리에 빠지면 관계는 심각한 훼손을 받게 된다. 따라서 공감 스피치의 핵심은 부정적 표현이 아닌 긍정적 표현을 해야 한다는 사실이다.

이제 공감 스피치를 하기 위해 필요한 것을 조금 더 구체적으로 살펴보자.

첫 번째로 억양(말투), 표정, 그리고 제스처(행동)를 신경 쓰자. 소통 전문가 앤드류 뉴버그(Andrew Newberg)는 이 세 가지 요소가 공감에 있어 가장 중요한 요소라고 강조한다. 우리가 아무리 연기를 한다고 하더라고 본심은 속일 수 없다. 특히 억양, 표정, 그리고 제스처를 보면 상대가 나를 어떻게 생각하는지 알 수 있다. 세 가지 중 한두 가지는 속일 순 있지만 세 가지 모두를 완벽하게 연출할 수는 없다.

이는 태도(attitude)의 문제라 생각한다. 상대를 인정하고 존중하는 태도가 전제되지 않으면 언어와 비언어에서 본심이 나오게 되어 있다. 막스 플랑크(Max Planck)의 인지-뇌과학연구소에서 밝힌 것은 제스처가 말보다 더 효과적일 뿐만 아니라 비언어와 말 모두 뇌의 유사 부위를 자극한다는 사실이다. 즉, 말만 하는 것보다 적절하고 효과적인 제스처를 쓰는 것이 공감공명에 더 유리하다는 것이다. 강연을 들을 때도 말만 하는 사람보다 움직임이 있는 사람의 강연이 더 잘 들린다는 사실에 동의할 것이다. 물론 다양한 스피치 기술을 배우는 것도 필요하다. 하지만 상대에 대한 배려가 있다면 이 세 가지 요소는 자연스럽게 나온다고 확신한다. 비록 그것이 세련된 모습이 아니더라도 진정성이 담긴 말투와 비언어가 관계에 있어 더 중요하다.

두 번째로 30초 이하로 짧고 명료하게 말하는 것이 필요하다. 학창시절 교장 선생님의 훈시는 너무나 길었다. 지금 와서 생각해보면 갈 길 멀고 철없는 아이들에게 교장 선생님은 하고 싶은 말씀이 정말 많으셨을 것이다. 그런데 그때 하신 말씀이 이제 잘 기억나지는 않는다. 교장 선생님의 훈시 중 기억나는 것은 내가 초등학교 6학년 때 들은 '위편삼절'이라는 이야기다. 공자가 주역 책을 즐겨 읽어 가죽끈이 세 번이나 끊어졌다는 위편삼절 이야기를 통해 그만큼 책을 많이 읽으라고 하셨다. 그분의 훈시는 길지 않았다. 핵심은 의지를 가져서 공부하고 책을 많이 읽어야 한다는 것이었다. 당신은 어떤 훈시가 기억나는가?

우리는 많은 데이터를 입력하지만 초기에는 4개의 덩어리 그리고 30초 이하의 이야기만 기억한다. 따라서 상대가 아무리 많은 이야기를 하더라도 30초가 넘어가 버리면 기억하기가 쉽지 않고 건성으로 들을 수밖에 없다는 것이다. 30초 이내로 간결하게 말하는 훈련이 필요하다. 이것이 메시지가 잘 전달되는 비법

중의 하나다. 생각이 정리되지 못하면 중언부언하게 되어 있다.

우리가 싸울 때 이 방법을 쓰는 것도 효과적이다. 물론 감정의 폭풍이 지나가고 있는데 "어, 알았어. 이제부터 30초씩만 이야기하자. 이제 당신 차례야"라고 할 수는 없다. 하지만 적어도 나의 말수를 줄이고 흥분 상태를 가라앉혀 억양을 조금 안정시키는 것이 필요하다. 우선 나부터 30초 이하로 말하는 것이다. 우리는 싸울 때 말이 길어진다. 듣다 못한 상대가 "나도 말 좀 하자"고 말하는데 말을 많이 한다고 싸움에서 이기는가? 마음이 편안해지는가? 말이 길어질수록 말실수가 많아지고 감정은 꼬이게 되어 있다.

세 번째로 소음(noise)을 줄여야 한다. 대화를 할 때 어색한 경험이 있을 것이다. 이는 말을 하는데 상대가 집중하지 않는 경우인데 전화를 받거나 다른 것을 보는 것이다. 이것도 대화에 있어 소음이다. 심리적 소음과 물리적 소음을 내가 나서서 제거하는 것도 중요하다. 심리적 소음은 나의 편견과 선입관을 말하고 물리적 소음은 상대에게 집중하지 못하는 것을 뜻한다. 내가 말을 하면서 상대에게만 집중하고 소음을 제거하고자 노력하는 모습을 보이면 상대는 기분이 좋아서 더 진솔한 말을 하게 되어 있다. 말하는 당신 자체가 소음이 되지 않도록 노력하자.

네 번째로 적절한 피드백과 말의 순서를 지켜주는 것이 필요하다. 내 이야기도 하지만 상대방도 말할 기회를 적절히 주고 말을 들을 때는 경청의 표시로 호응을 해줘야 한다. 공감공명을 이해하는 사람은 상대가 이야기하고 싶은 순간을 놓치지 않고 기회를 주는 사람이다. 즉각적이고 구체적이며 긍정적인 반응을 통해 상대가 더 많은 이야기를 하도록 만들어야 한다.

공감 스피치는 관대함과 인정과 존중이라 생각한다. 관대함은 상대의 실수나 상황을 너그럽게 받아들이고 이해해 주고자 하는 마음이다. 인정은 상대를 있는 그대로 바라봐 주는 것이다. 싸움의 폭풍이 몰려올 때 조건이나 토 달지 말고 있는 그대로 상대를 인정해 주자. 그러면 상대는 살포시 마음을 열게 된다. 남이 당신에게 말해주기를 바라는 대로 말하고 남이 당신의 말을 들어주기 바라는 대로 들어라. 인정과 존중은 관계를 풍요롭게 하는 지름길이다. 이것이 전제가 되면 관계의 반석인 신뢰가 형성된다. 그 바탕 위에서 관계는 풍요로워지고 열매를 맺게 된다. "말은 단순한 언어가 아니라 일종의 행동이다. 거친 말은 다른 사람에게 주먹을 날리는 것이다"라는 영국의 철학자 오스틴(J. L. Austin)의 말처럼 오늘 우리는 상대에게 어떤 스피치를 하고 있는지 반성해 보자.

3. 질문의 기술

대화의 기술은 결국 질문의 기술이라고 해도 과언이 아니다. 질문은 힘이 있다. 질문을 한다는 것은 상대에 대해 관심이 있다는 증거이고 관계를 맺고자 하는 신호다. 질문을 해서 상대에게 관심이 있음을 보여주고 그 질문을 통해 상대 마음의 문을 열게 된다. 특히 예수님과 소크라테스의 질문은 상대의 경계심을 풀고 지친 영혼에 위로를 주는 질문이었다.

그리고 질문은 아이디어를 제공하는 힘이 있다. 우리가 자주 사용하는 포스트-잇의 개발 뒷이야기는 아주 사소한 데서 시작되었다. 아서 프라이(Arthur Fry)의 아내는 성가 연습을 마치고 집에 돌아와 남편에게 이렇게 말했다.

"여보, 노래 연습 끝내고 성가집에 연습한 곳을 접거나 표시할 좋은 방법이 없을까? 책갈피는 자꾸 떨어지고 접으면 접힌 자국이 생겨서 말이야." 이 질문 하나로 아서 프라이는 포스트-잇을 개발하게 되었다. 이처럼 누군가에게 질문을 던짐으로써 새로운 아이디어와 생각을 불러올 수 있다.

그리고 질문은 동기를 부여한다. "자네, 선배로서 후배들에게 조언을 해주면 어떨까?" "-로서"라는 말을 통해 상대가 나를 어떻게 평가하고 있는지를 알게 된다. 우리는 무심코 대화를 통해 내가 보는 상대를 규정하는 경우가 많지 않은가? "선배가 왜 그래, 아빠는 왜 그래, 후배가 왜 그래, 과장이 왜 그래"라고 하는 것처럼 말이다. 즉, 질문을 통해 상대에게 동기를 부여할 수 있다. 내가 상대를 보는 시각과 평가를 알려주고 상대가 의미를 찾아 행동하게 만드는 것이다.

마지막으로 질문은 설득을 한다. 만약 소크라테스가 그리스 젊은이 트라시마코스에게 일장 연설을 했다면 어떤 결과가 나왔을까? 아마 반감을 품었을 것이다. 예나 지금이나 세대 간의 갈등은 존재하기 때문이다.

말이 나와서 덧붙이자면 요즘 세대 간의 갈등이 심각하다. 특히 20대와 50대 간의 사회적 갈등이 최고조에 이른 것 같다. 노령층의 사회적 비용 문제가 제기되면서 새롭게 사회생활을 시작하는 젊은이들은 불만이다. 취업이 안 되는 것이 정년 연장 때문인 것 같고 국민연금을 관련해서 나중에 돈을 받지 못할 것이라는 불만이 있다. 요즘 젊은 세대의 특징을 보면 자기주장을 분명하게 하지만 뒷감당이 안 되는 경우가 많다. 그리고 이해관계에 민감하며 때로는 너무 솔직하다. 더구나 감정처리가 잘 되지 않아 토라지기도 잘한다. 이런 세대에게 일방적으로 설교를 해봐야 소용이 없다. 이때는 질문을 통해 상대가 스스로 말을 하고 느끼도록 하는 것이 더 효과적이다. 소크라테스가 한 것처럼 말이다. 훈수 두기보다는 질문하고, 무시하기보다는 대화에 적극적으로 참여시키는 것이 필요하다.

"저희 제품이 제일 좋습니다. 저희와 거래하시죠"라고 일방적으로 말하기보다는 "귀사에서 거래하는 기업에 대해 가장 중요하게 생각하는 요소가 무엇입니까? 저희처럼 철저한 가격분석을 제시하는 업체가 있었나요? 이만한 가격에 이 품질을 보장해 주는 기업이 있었습니까?"라고 질문을 던져 상대가 느끼도록 하는 것이 중요하다. 우리도 경험해서 알지만 말을 하면서 생각이 정리되고 다시 한 번 고민하게 된다. 질문은 설득의 힘을 가지고 있다.

좋은 질문

그렇다면 좋은 질문의 조건은 무엇인가?
1) 개방성(열린 질문)

팀의 비전은 있습니까?

⇒ 비전은 어떤 건가요?

2) 구체성

앞으로의 시장동향은?

⇒ 1년 뒤 제조업 시장의 위기는 무엇인가요?

3) 명확성

지난번 일은 어떻게 된 건가요?

⇒ 지난주 보고 누락 건은 어떻게 된 건가요?

4) 중립성

왜 새로운 프로젝트를 두려워하나요?

⇒ 프로젝트의 장애요인은 무엇인가요?

5) 상호성(일방적인 질문이 아닌 상대가 적절히 대답할 수 있는 질문)

결국 좋은 질문이라는 것은 상대가 스스로 편한 분위기에서 말을 할 수 있도록 만드는 질문이다. 그러므로 무엇보다도 상대를 철저히 분석하고 아는 것이 중요하다. 상대를 알지 못하고 질문을 하면 자기중심으로 갈 수밖에 없기 때문이다. 어떻게, 왜라는 질문을 통해 상대가 변명 또는 자기 이야기를 충분히 할 수 있도록 만들어야 한다. 좋은 대화의 기술은 적절한 질문을 통해 상대가 열린 커뮤니케이션을 할 수 있는 분위기를 만든다.

기본적으로 질문은 개방형 질문과 폐쇄형 질문이 있다고 앞서 말했다. 또 중요한 질문이 있는데 바로 확인 질문이 있다. 개방형 질문이 좋지만 모든 상황에서 그렇지는 않다. 상대가 말을 제대로 하지 못하면 폐쇄형 질문(예/아니오로 답변이 가능한 질문)을 적절히 섞어서 하는 것이 필요할 때가 있다. 확인형 질문은 상대의 답변을 듣고 확인하고자 하는 질문이다. "태국 여행을 다섯 번이나 가셨다구요?" "하루에 한 끼만 드신다고 하셨는데 진짜 말씀하신 것처럼 건강에는 문제가 없나요?"

이런 질문은 두 가지 효과가 있다. 우선 상대에게 내가 당신의 이야기를 경청하고 있음을 보여 주고 다른 하나는 상대가 신이 나서 더 많은 이야기를 할 수 있도록 이야기 마당을 만들어 준다. 우리는 무심코 대화를 하지만 주변을 살펴보면 확인 질문을 통해 대화의 흥을 돋우는 사람이 많다는 것을 알 수 있다.

나쁜 질문

그런데 우리는 자기중심적 동물이기 때문에 나쁜 질문도 많이 한다. 가장 큰 문제는 개인 의견과 편견이 드러나는 질문을 한다는 점이다. "이번일 날 골탕먹이려고 한 일이지? 이것 때문

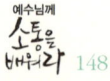

에 그런 거 아니야?" "그 결정은 너한테 도움이 안 된다고 했는데 경솔하게 판단한 이유가 뭐야?" "그동안 지켜보니 창의성이 전혀 없군. 좀 참신한 아이디어 없나?" 이처럼 상대의 기분이나 입장을 고려하지 않고 멋대로 판단하는 질문은 곤란하다.

긴 질문과 상투적인 질문도 좋지 않다. 질문이 길어진다는 것은 내가 하고 싶은 말이 많다는 것이다. 질문을 통해 내 의견을 보여주는 것이기 때문에 좋지 않다. "별일 없으시죠? 언제 식사 한번 하시죠?"는 매우 형식적이다. 물론 처음에 이 질문을 하고 후속 질문을 한다면 괜찮지만 그렇지 않고 아무 준비 없이 이런 질문을 하면 분위기만 어색해진다.

상대를 압박하거나 유도하는 질문도 좋지 않다. 특히 우리가 싸울 때 많이 하게 된다. "그렇지 않아? 말해봐. 왜 말을 하지 않는데?" "왜 그때 연락을 하지 못했는지 말해 보라고. 왜 말이 없는데?" 상대를 윽박지르고 협박하는 질문은 상대의 말문을 더 굳게 막을 뿐이다. 상대가 말이 없다는 것은 소통의 단절과 불편함을 나타내는 하나의 표시다.

아울러 주의할 점은 무심코 말하는 것이다. 우리는 기본적으로 자기중심으로 프로그래밍 되어 있기 때문에 주의를 기울이지 않으면 상대에게 상처를 줄 수 있다. 대화를 하기 전 내가 실수할 수 있는 다양한 경우를 미리 체크해 봐야 한다.

우선 권위적 말하기를 조심하자. 내가 상대보다 나이가 많고 선배라는 이유로 무조건적인 복종을 원하는 것은 잘못된 것이다. 상대를 무시하거나 자존심의 상처를 주는 것도 피해야 한다. 이것이 바로 앞서 강조한 정체성 훼손이라고 볼 수 있다. 다른 사람과 비교하는 것은 대화의 흐름을 막아 버린다. 상대가 다른 사람과 비교되는 순간 상대의 기분은 상하게 되고 이성적인 대화를 하기가 어려워진다.

우리는 대화할 때 침묵의 의미를 잘 생각해 봐야 한다. 왜 대화 시 침묵이 흐르는 것일까? 기본적으로 대화의 흐름에 문제가 있다는 신호일 수 있다. 어색한 침묵이 한동안 지속되면 불편하다. 이 불편함은 무의식적으로 관계의 불편함으로 이어질 수 있다. 하지만 침묵 자체에 문제가 있는 것은 아니다. 때로는 침묵이 상대와의 교감으로, 그리고 상대를 향한 배려로 작용할 수 있다. 상대의 가슴 아픈 이야기를 들으며 잠시 침묵하며 같이 아파하는 것은 그 어떤 미사여구보다 훌륭하다.

피드백

질문만 중요한 것이 아니다. 상대의 답을 듣고 내가 어떤 반응을 보여주는 지도 중요하다. 적절한 반응 즉, 피드백은 대화를 활성화한다. 원활한 피드백을 위해서는 다음을 기억하자. 긍정적이고 구체적인 피드백을 바로 하는 것이다. 답을 들었다면 감탄사라도 즉시 긍정적으로 하는 것이 좋다.

아무리 상대의 답에 문제가 있더라도 바로 지적을 하는 것보다는 우선 긍정적인 말로 상대를 인정하고 그것을 바탕으로 말을 하는 것이 필요하다. "아니죠. 전 그렇게 생각하지 않습니다"는 말을 듣고 기분이 좋을 사람은 없다. 답이 거절되는 순간 상대는 자신을 방어하기 위해 노력하는데 종종 나에 대한 공격으로 나타난다. 그렇기 때문에 설령 상대가 틀렸다 하더라도 "일리가 있네요. 하지만 제가 생각했을 때는 이런 부분에 있어서는 문제가 발생할 수 있다고 봅니다. 어떻게 생각하세요?"라고 반응하는 것이 더 효과적이다.

우리의 대화는 단순히 결과와 답을 찾는 수준이 아니라 상대와 관계를 맺는 것이기 때문에 늘 상대를 존중하는 자세가 필요하다. 상대를 존중했다면 그것은 적절한 피드백으로 나타나게 된다.

내가 이런 방식으로 대화를 해야겠다고 생각을 해도 내 뜻대로 이루어지지 않는 것이 현실이다. 이번만은 싸우지 않겠다고 다짐하지만 결심대로 잘 안 된다. 이런 문제가 발생하는 것은 자기중심적 생각을 하고 감정 관리가 안 되기 때문이다. 그래도 상황을 잘 통제하기 위해서는 기본적인 대화 구조를 알아둘 필요는 있다.

내가 제시하는 대화 흐름 구조는 다음과 같다.

스몰 토크 ⇒ 개방형 질문 ⇒ 확인 질문 ⇒ 폐쇄형 질문 ⇒ 개방형 질문 or 스몰 토크

일단 대화는 처음 분위기가 중요하다. 상대가 많은 말을 할 수 있도록 스몰 토크를 하자. 상대의 안부와 최근 관심사를 물어 마음의 문을 여는 것이 중요하다. 그리고 다음으로 개방형 질문을 통해 상대의 생각을 알아보는 것이다. 충분히 경청한 후 상대가 답변한 것 중 궁금한 것이 있으면 추가로 확인하는 것이다. 다음으로는 궁금하지만 상대가 말하지 않은 것을 완곡하게 물어보는 폐쇄형 질문을 한다. 다시 개방형 질문으로 상대가 못한 말을 하도록 하고 마지막으로 스몰 토크를 통해 다음의 약속을 잡도록 한다. 이 구조가 모든 대화에 적용될 수는 없지만 기본 원칙으로 기억해야 한다.

이 원칙을 적용한 사례를 보자.

1) 스몰 토크

　A : 식사는 하셨어요?

　B : 네, 조금 전에 먹었습니다.

2) 개방형 질문

　A : 요즘 어떠세요? 별일 없으세요?

　B : 네, 그렇죠. 뭐… 근데 사실 아이 때문에 걱정이에요.

3) 확인 질문

　A : 아이 때문이라구요? 무슨 문제 있으세요?

　B : 취업 준비하는데 잘 안 되나 봐요.

4) 폐쇄형 질문

　A : 아, 그렇군요. 사실 요즘 다 어렵다고 하잖아요. 실례가 되지 않는다면 어느 분야 준비하는지 물어봐도 될까요?

　B : 방송국 아나운서 준비해요.

5) 개방형 질문

　A : 어려운 준비 하네요. 잘 해낼 겁니다. 그래도 대견하시죠. 어떠세요?

B: 네, 열심히 하는데 정보가 많이 없나 봐요.

6) 마무리
A : 그렇군요. 참 제가 방송국에 계신 분 아는데 한번 알아볼까요? 너무 기대는 하지 마시고요.
B : 아, 네, 감사합니다.

대화의 기술을 정리하자면 첫째, 준비가 먼저다. 아무 준비 없이 대화하지 말자. 상대의 관심사와 고민 등을 알고 접근하자.
둘째, 무심코 말하기를 피하자. 이 말은 자기중심의 언어로 판단하지 말고 상대를 배려하자는 것이다. 권위적으로 접근하거나 무시하거나 비난하면 안 된다.
셋째, 흐름을 타자. 대화에는 절대적 원칙이 없다. 물이 흘러가듯이 자연스럽게 이어지는 것이 무엇보다 중요하다.
넷째, 기다릴 줄 알아야 한다. 내가 원하는 답이 나오지 않았다고 다그치거나 압박하지 말자. 대화의 기회는 다시 찾아오게 된다. 상대가 많은 말을 하지 않더라도 상대를 배려한다면 침묵과 배려로 기다려야 한다.
다섯째, 상대를 인정하자. 인정은 쉬운 것이 아니다. 상대를 인정하지 않으면 내가 주도하고 압박하려고 한다. 상대를 인정할 때 무심코 말하기를 피할 수 있다. 이 인정은 관계에 있어 가장 중요한 기술 중 하나라는 사실을 기억하자. 내가 상대를 인정하는 순간 나의 언행은 상대에게 배려의 모습으로 나타나게 된다. 내가 지금 대화하고 있는 사람이 바로 나에게 가장 필요한 사람이라는 것을 잊지 말자.

4. 갈등 해소의 기술

남편은 휴일에도 나가 온종일 일을 하고 피곤한 상태로 퇴근한다. 집에 들어오는데 아이들은 방에서 각자 공부를 하느라 정신이 없고 아내도 자신을 반기지 않는 눈치다. 그는 지친 몸을 소파에 기대고 TV를 보는데 그때 아내로부터 한마디가 들려온다.

"TV 꺼… 아이들 공부하잖아."

눈치가 보여 차라리 잠을 버는 것이 좋을 것 같아서 안방에 들어간다. 그때 또 들려오는 한 소리, "애 좀 씻기고 놀아줘."

남편은 집에 오면 일단 쉬고 싶다. 아내 입장에서는 남편이 집에 와서 씻고 고작 텔레비전 보는 것 외엔 도무지 하는 일이 없는 것 같아 화가 난다. 아내의 요구에도 남편은 쉬고 싶다며 투덜거린다. 그러자 아내가 작심한 듯 말한다.

"여기 앉아봐. 이야기 좀 하자."

이 부부는 문제 해결을 위해 대화를 시작하지만 싸움으로 끝나고 결국 각자 방에서 자게 된다.

  우리는 언제나 갈등을 겪는다. 작은 싸움도 하지 않는 부부가 있을까? 만약 싸움을 하지 않는다면 문제가 있는 것이다. 서로의 문제를 보지 않고 그냥 포기하고 있는 것인데 결국 곪아서 나중에 큰 문제를 일으킨다. 그렇기 때문에 지혜롭게 싸우고 갈등을 잘 해소하는 것이 중요하다.

  갈등의 학문적 정의는 '상호의존적 관계를 가진 최소 두 명 이상의 당사자들이 서로 양립 불가능한 목표를 추구하는 과정에서 발생하는 충돌'이다. 즉, 상호의존적 관계, 목표, 그리고 커뮤니케이션의 방식이라는 키워드가 추출된다. 부부, 연인, 그리고 직장동료 등은 모두 서로를 필요로 한다. 자신과 관계없고 필요 없는 사람이라면 그냥 무시하면 된다. 그래서 설령 갈등이 생겨도 즉시 해소된다. 왜냐하면 다시는 안 보면 되기 때문이다. 갈등이 깊어진다는 것은 서로서로 필요로 한다는 역설적인 증거다. 단지 서로 간의 목표 지점, 그리고 상대를 대하는 커뮤니케이션 방식이 다르기 때문에 갈등이 생기는 것이다. 물론 이 갈등을 해결하는 것은 쉽지 않지만, 역설적으로 갈등이 깊어질수록 내가 상대를 필요로 한다는 생각을 깊이 한다면 갈등을 해결하고자 하는 최소한의 의지를 가질 수 있다.

  앞선 예화에서 남편의 목표는 아마 가정의 행복일 것이다. 그렇기 때문에 일도 열심히 한다. 아내의 목표도 마찬가지로 가정의 행복이다. 그런데 이것에 도달하는 방식에서 차이가 나는 것이다. 남편은 일을 통해 행복을 추구하고 아내는 나름대로 집안에서 행복을 찾고 있다. 서로의 다름을 인정하고 받아들일 때 같은 목표 아래 다른 방식이라는 것을 깨닫게 된다.

핵심은 갈등이 깊어진다는 것은 역설적으로 상대와 더 많은 접촉점이 생겼다는 점이다. 서로가 필요로 하고 있다는 사실이다. 그런 과정에서 자기 방식으로 상대를 조절하고자 하니 문제가 생긴다. 상대도 나를 조정하고 싶어지기 때문이다. 더 큰 문제는 자기 나름대로 노력하며 배려하려고 하는데 상대는 이해하지 못하고 자기 방식을 고집하는 경우다. 이럴 때는 냉정하고 전략적인 판단이 필요하다.

관계의 성장

관계는 성장한다. 처음에는 서로의 신변잡기적 일상만 알고 있다가 관계가 성장할수록 서로의 내면을 들여다보며 깊은 속을 보게 된다. 그러다 정체기를 지나 나중에는 관계의 단절로 이어진다. 누군가와 평생토록 관계를 지속하기란 가족 외에는 쉽지 않다. 어느 순간 소원해지다가 멀어지는 단계가 온다. 이별 관계의 성장 과정 이론을 살펴보면 다음과 같다.

발스퇴름(Wahlstorm)의 6단계를 먼저 보자.

1단계는 근접성과 기회다. 관계는 접촉을 통해 이루어진다. 미디어 발달로 다른 방식을 통해 관계 형성이 있지만 궁극적인 대인관계의 핵심은 접촉이다. 서로를 보고 느끼는 과정을 통해 관계가 형성된다.

2단계는 매력이다. 인간적 끌림을 느끼는데 이것은 기본적으로 유사성과 상보성의 원리에 근거해 작동된다. 신체적 매력, 우월성, 공감력, 그리고 개성 등 독특한 특징이 상대를 사로잡게 된다.

3단계는 자아 노출이다. 드디어 마음을 열고 나눈다. 서로의 이야기를 통해 각자 정체성을 파악한다. 만난 횟수가 늘고 모든 이야기를 나누는 단계다.

4단계는 신뢰다. 내가 어려운 일을 당할 때 그 사람만큼은 나를 믿어줄 것이라는 믿음이다. 이제 그 사람과 어떤 일을 해도 괜찮을 것이라는 믿음이 생긴다.

5단계는 균형이다. 안정화 단계다. 하지만 자아 노출이나 신뢰의 단계만큼 열정적이지는 않다. 그저 상대를 안정적 파트너로 보고 일과 관계의 균형을 맞춘다. 부정적 용어로는 정체기라고 할 수 있다.

6단계는 해체다. 서로를 차별화하고 회피하는 단계다. 발스퇴름의 단계이론의 약점이라면 관계의 해체 단계를 갑자기 넣은 것이다. 해체 이전의 정체기나 회피 등의 단계로 포함된다.

그런 점에서 냅(Knapp)의 단계 이론이 더 설득력이 있다. 냅의 단계는 아래와 같다.

시작 ⇒ 실험 ⇒ 강화 ⇒ 통합 ⇒ 유대 ⇒ 차별화 ⇒ 경계선 긋기 ⇒ 정체 ⇒ 회피 ⇒ 해체

여기서 재미있는 것은 실험단계가 있다는 것이다. 소위 간 보기를 하는 것이다. 이 사람과 마음을 나눌 수 있는 사람인지 실험을 한다. 이야기도 나누고 함께 시간을 보내며 상대를 관찰하는 것이다. 또한 차별화의 단계로 해체를 준비한다. 유대를 강화하다가 서로의 문제를 직시하고 서서히 분리해 나가는 과정이다. 서로가 같아지기를 갈구하다가 서로의 차이점과 한계를 보고 서서히 갈라지는 것이다.

이런 관계의 발전 단계를 지속하기 위해서는 무엇보다 주파

수를 맞추는 것이 필요하다. 부부의 관계를 보면 상당히 오랜 시간 서로를 보며 살 수밖에 없는 환경에 놓인다. 어쩔 수 없는 상황 논리로 참고 사는 부부가 대부분이지만 행복하게 서로를 배려하며 사는 사람들의 공통점은 그들은 주파수를 업그레이드해가는 사람들이라는 것이다. 처음에는 아주 기본적인 것의 합의와 양보가 필요하다. 그러다 시간이 지날수록 아이들 교육, 생활 스케줄 관리, 그리고 이사 문제 등 보다 복잡한 사안들이 늘 발생한다. 처음에는 기본적인 합의로 관계를 유지할 수 있지만 복잡한 문제들이 발생하며 논의하고 합의해야 할 것이 많아진다. 즉, 단파에서 FM 고주파로 주파수의 업그레이드가 필요한 것이다.

이것은 한쪽만의 의지와 합의로 이루어지는 것이 아니다. 서로 인정하고 양보해야 한다. 내가 강조하고 싶은 것은 주파수를 맞추기 위해 양보해야 한다는 점이다. 손해를 보지 않으려고 하다가는 관계의 해체 순서를 밟게 된다. 손해는 물질적 손해가 아닌 감정의 손해다. 특히 언쟁할 때 보면 상대에게 이기고자 심한 말을 하게 된다. 상대의 상처를 들추고 아프게 하는 것이다. 말싸움에서 상대를 누르고자 한다.

그런데 시간이 지난 후 곰곰이 생각해 보자. 상대를 말로 이겨서 달라진 것이 있는가? 행복한가? 그런 말을 하면서 뇌가 분노의 호르몬으로 가득 차게 되고 다음번에 감정의 조절이 어려워진다. 지금의 행복을 유지하기를 원한다면 아니 행복해지기를 원한다면 주파수를 업그레이드해야 한다. 그러기 위해서는 우선 당신이 내려놓고 행동하라. 그러면 상대가 바뀔 것이다.

갈등의 진화단계

관계의 발전단계에서 반드시 겪는 것이 갈등이다. 이 갈등을 극복하기 위해서는 주파수를 업그레이드해야 한다는 점을 꼭 기억해야 한다. 갈등도 진화한다. 잘 지내다가도 어떤 문제가 발생하면 갈등의 진화단계에 돌입하게 된다.

갈등의 진화단계 중 1단계는 경직의 단계다. 서로를 신뢰하고 믿어왔는데 어떤 사안에 있어 다름을 느끼게 된다. 관계가 깊어지면 모든 것이 같을 것이라는 착각에 빠진다. 그리고 상대도 그리 생각할 것이라 믿어 의심치 않는데 현실은 그렇지 않다. 상대와 친밀하게 있다가 관계의 경직이 시작된다.

2단계는 논쟁의 단계다. 생각할수록 상대가 왜 그런 생각을 하는지 그리고 왜 그렇게 행동하는지 이해가 되지 않는다. 그래서 만나 설득을 하려고 하지만 말이 통하지 않는다. 서로의 입장만 나열할 뿐 합의점이 나오지 않는다. 누군가가 먼저 양보하고 맞추어야 하는데 그렇지 못한다.

　3단계는 혼란의 단계다. 그동안 상대가 보여준 모습까지 의심하게 된다. 내가 믿었던 사람인데 앞으로 어찌해야 할지 혼란스럽다. 마음이 불편하고 답답하며 먹먹해진다.

　4단계는 세력화의 단계다. 이 단계는 어린아이든 어른이든 모두가 겪는 단계다. 혼란의 과정을 거쳐 배신감이 든다. 내가 해준 것이 얼마인데 상대가 나를 이렇게 대하는 것이 화가 난다. 그러나 다시 상대를 만나 언쟁하기에는 부담이 된다. 그래서 다른 사람들에게 그 사람의 안 좋은 이야기를 하는 것을 택한다. 어린아이들이 내가 미운 아이들을 괴롭히기 위해 왕따를 시키는 것과 같은 이치다.

　5단계는 갈등심화 단계다. 이제는 직접 상대를 공격한다. 그 이유는 예전에 유지했던 관계의 친밀감만큼 배신감이 크기 때문이다. 상대와 언쟁을 하기도 하고 치명타를 날리기 위해 심한 말도 한다.

　마지막으로 6단계는 공멸 즉, 관계의 단절 단계다. 갈등의 과정을 보면 그 누구도 승자가 아니다. 갈등이 깊어지면 나의 심신도 병들게 된다. 마음의 여유가 없어지니 일도 손에 잡히지 않는다. 그런 과정에서 나와 다른 사람들 간의 관계도 소원해질 확률이 높다. 가장 이상적인 것은 경직과 논쟁의 혼란 단계에서 대화를 통해 문제를 해결하는 것인데 그게 생각만큼 쉽지 않다. 갈등의 소용돌이에 빠지면 마음에 없는 말을 하게 된다.

우리는 관계를 통해 상대를 알아가게 된다. 그런데 역설적으로 상대를 많이 아는 것이 그만큼 상대의 약점을 많이 안다는 것과 같다. 관계가 좋을 때는 문제가 없지만 갈등 상황이 되면 피해를 주기 위해 우리는 상대의 약점을 건드리게 된다. 그렇게 상처를 주고 상대도 역시 맞받아치게 된다. 그러면 돌이킬 수 없는 지경에 이른다.

피해야 할 말

아무리 화가 나고 갈등이 심해도 다음의 말들은 피하자. 이런 말을 하는 순간 갈등의 폭풍으로 들어가게 된다.

1) 정체성을 훼손하는 말 : 가족, 그리고 회사 등 상대가 속한 곳을 폄하하고 비하하는 것은 상대의 자존감을 무너뜨리는 행동이다. 또 교회 안에서는 직분과 역할을 언급하며 말하는 것을 반드시 피해야 한다. "너희 회사 진짜 별로더라."

"너희 집 왜 그러니?" "거기 나와서 취업은 되니?" "교회 오래 다닌 사람이 왜 그래?"

2) 상처와 트라우마를 자극하는 말 : 이혼, 이별, 상처, 그리고 아픔 등 상대가 살아오면서 겪었던 아픈 기억들을 언급하면 안 된다. "네가 그러니까 그런 일을 당한 거야"라는 말은 치명적이다.

3) 상황을 무시하는 말 : 상대가 정신없이 바쁘고 마음의 여유가 없을 때는 그 상황을 배려해야 한다. 시험, 중요한 발표, 승진, 그리고 많은 집안일 등 상대가 버거운 일들이 있는데 그것을 가볍게 여기는 것은 상대를 무시하는 것이다. "별거 아닌데 뭐. 대충 해." "왜 그래? 아마추어같이. 그냥 하면 돼." 나는 별로 중요하지 않다고 생각하지만 상대에게는 큰 스트레스가 될 수 있다는 사실을 명심하자.

분노 해소법

자극과 반응 사이에는 공간이 있다. 즉, 화날 일이 벌어졌을 때 화가 난 것을 인지하기 전에 신체의 변화가 먼저 온다. 얼굴이 달아오르거나 호흡이 가빠진다. 심장이 터질 듯하고 짜증이 온몸으로 밀려온다.

그 신체적 변화의 짧은 순간을 잘 파악하는 것이 무엇보다 중요하다. 그 순간을 제대로 조절하지 못하면 감정의 폭풍우 속으로 빨려 들어갈 확률이 높기 때문이다. 자극이 있으면 신체변화가 있다. 이 신체변화 뒤에 화가 났다는 인지가 생기는데 그 전에 내 맘을 다스려야 한다.

내가 화가 났다고 판단되면 그다음에 자기방어와 상대방 공격 모드로 전환된다. 상처받은 나를 지켜야 하기 때문에 더 이상 이성적 판단은 어려워지게 된다. 그리고 자연스럽게 다툼으로 이어진다.

갈등이 생길 때 아래 세 가지를 실천해 보자.

첫 번째, 신체의 변화가 느껴진다면 그 자리를 피하자. 다툼이 벌어지거나 자극이 되어 몸의 변화가 느껴지면 그 공간을 빠져나오는 것이 중요하다. 아무 말 없이 나가지 말고 "잠깐 생각 좀 정리하고 싶어. 잠깐 나갔다 올게" 하고 피하는 것이다. 잘 생각해 보자. 몸의 변화가 느껴진 후 이성적이고 설득력 있는 대화가 진행이 되던가? 내가 받은 스트레스만큼 상대도 위협을 느끼게 되고 그때부터는 내가 듣고 싶은 이야기나 행동을 상대가 할 확률이 낮아진다. 상대도 나의 화난 모습을 봤기 때문에 자기방어에만 집중하게 된다. 상대 입장에서도 자기중심적으로 생각하므로 왜 저 사람이 화를 내는지 이해를 못 하게 된다. 오직 자기를 방어하기 위해 온 신경을 곤두세울 뿐이다.

 두 번째, 몸의 긴장을 풀자. 심호흡과 스트레칭을 통해 경직된 근육을 풀어주는 것이다. 경직된 몸은 다시 뇌에 신호를 준다. '너 긴장했어. 조심해.' 이런 신호가 뇌로 들어가면 더욱 경직되고 몸은 무겁다. 따라서 몸을 이완하면서 뭉친 나의 근육을 편하게 만들어 줘야 한다.

 세 번째, 한고비를 넘겼다면 객관적으로 생각해 보자. 이 상황을 객관적으로 판단해 보는 것이다. 감정의 소용돌이에서 벗어나 한 발짝 뒤로 물러서 이 상황이 과연 내 생존에 위협이 되는지, 이 과정을 통해 내가 얻게 되는 것이 무엇인지 고민해 보자. 대부분 상대를 내 의지대로 하고자 하는 고집일 경우가 높다. 이런 상황을 이해하면 내 마음이 안정된다.

 갈등과 분노를 해소하는 특별한 방법은 없다. 이 세 가지를 기억해서 내 것으로 만들어 삶에 적용하는 것뿐이다.

갈등대화 5단계

『비폭력 대화』의 저자 로젠버그(Rosenburg)는 갈등대화법을 소개하면서 상황을 객관화하라고 조언한다. 우리는 기본적으로 선입관을 바탕으로 의도와 추측을 많이 하기 때문에 문제가 발생한다는 것이다. 특히 갈등이 깊은 사람과 대화할 때는 또 다른 갈등을 야기할 확률이 높다. 둘 다 서로를 향한 감정의 찌꺼기가 남아 있기 때문이다.

로젠버그는 4단계를 제시했지만 나는 여기서 한 단계를 더 추가해 갈등대화 5단계를 제시하고자 한다.

1단계는 관찰하기다. 나와 사이가 좋지 않은 사람이 나를 보고 웃고 들어온다면 그때 당신은 어떻게 반응하는가? '저 사람 왜 날 보고 웃는 거지.' 솔직히 이런 경우가 많이 있지 않은가? 관찰하기는 있는 그대로 상황을 보는 것이다. 상대방이 나를 보고 비웃는다고 판단하지 말자는 것이다. 그냥 상대가 웃고 들어왔다는 사실만 보는 것이다. 판단하면 안 된다.

2단계는 느낌 확인하기다. 상대에게 문제를 전가하는 것이 아니다. 보통 우리는 상대가 나를 비웃고 들어왔다고 생각하지만 문제를 상대가 아닌 나에게서 찾는 것이다. 즉, 내가 웃길 만한 행동을 했는지, 웃을 만한 상황인지를 생각해 보는 것이다. 그리고 나의 마음속 느낌을 확인한다. 상대가 웃고 들어왔으니 왜 웃고 들어왔는지 궁금증이 생긴다. 내 느낌과 생각을 편견 없이 보는 것이 느낌 확인이다.

3단계는 요청하기다. 가장 어렵고 힘든 부분이다. 느낌을 확인했다면 이 느낌과 궁금증을 상대방에게 긍정적이고 겸양적인 언어로 전달하는 과정이다. "아까 왜 웃고 들어왔어요?(짜증 나는 목소리로)" 이러면 문제가 복잡해진다. 차라리 "무슨 좋은 일 있으신가 보네요?"라든지 "왜 웃으셨는지 궁금한데요. 말씀해 주실 수 있으신가요?" 정도면 괜찮다. 그런데 상대가 "너 때문에 웃었다. 왜?" 하면 바로 격돌로 이어진다. 가장 얄미운 사람은 "참 이상하시네. 저 안 웃었어요"라고 하는 사람인데 그때 내가 "웃었잖아요(따지듯이)!" 하고 대응하면 또 격돌한다. 그냥 부드럽게 말하는 것으로 족하다. 답은 상대의 몫이다.

4단계는 수용하기다. 상대가 어떤 반응을 보이든지 그냥 있는 그대로 받아들이라는 이야기다. 상대가 다시 도발을 하더라도 즉각 반응하지 않고 그냥 있는 그대로 받아 주는 것이다. 로젠버그는 1단계에서 4단계를 세 번 정도 하라고 주장한다. 한 번은 나를 위해서 두 번째는 상대를 위해서, 세 번째는 관계를 위해서다. 나는 그냥 수용했지만 그 어떤 말과 행동보다 더 강한 커뮤니케이션을 한 것이다. 내가 원하는 답이 나오지 않았다고 상대를 다그쳐 봐야 상대는 내가 원하는 것을 내놓지 않는다. 내 기분만 상하고 갈등만 깊어진다. 그냥 수용함으로 상대에게 내가 더 감정적으로 건강한 사람임을 객관적으로 보여주게 된다. 무위(無爲)가 최고의 한 수다.

5단계는 포기하기다. 이 단계는 나의 견해다. 누군가에게 치명적인 폭력을 행사하고도 아무런 죄의식이나 뉘우침이 없는 일명 사이코패스는 한 마디로 공감능력이 떨어지는 사람이다. 의외로 사이코패스는 우리 주변에 상당히 많다. 조직 안에서 사이코패스가 7-8%가 된다는 연구결과도 있다. 이런 사람들을 대상으로 내가 아무리 선의를 가지고 접근한다고 하더라도 상대가 변화되지 않을 확률이 높다. 그러면 나는 성인군자가 아니기 때문에 지치게 된다. 변하지 않는 사람에게 투여할 힘을 차라리 다른 곳에 적용하는 것이 훨씬 경제적이다.

내가 이 과정을 진심으로 서너 번 시도했는데 상대방이 미동도 하지 않는다면 포기하라. 포기하라고 해서 완전히 관계를 단절하라는 것은 아니다. 기대를 포기하라는 것이다. 조직 안에서 매일 보는 상사와 단절할 수는 없지 않은가? 상대가 나에게 따뜻한 배려를 할 것이라고 여기지 말자. 너무 멀지도 가깝지도 않은 적절한 거리를 유지하는 것이 가장 효과적인 방법이다.

관계에 있어서 갈등은 바다의 폭풍우 같은 것이다. 잔잔하고 문제가 없다가도 예기치 않은 곳에서 심각한 갈등을 만날 수 있다. 이 폭풍이 하루가 될 수도 며칠이 될 수도 있다. 더 심각한 것은 이 폭풍우가 나의 배까지 침몰시킬 수 있다는 점이다.

폭풍우를 이기려 하지 말자. 그냥 받아들이자. 일상에서 언제든 만날 수 있는 숙명으로 인정하자. 그런 자세로 갈등을 맞이한다면 심각한 피해를 피할 수 있다. 갈등 시 최고의 해결책 한 가지를 말하라고 한다면 바로 '인정'이다. 갈등이 생기면 억울하고 답답해지며 상대를 설득하려고 부단히 애를 쓰게 된다. 그리고 상대의 이야기는 들리지도 않고 짜증만 난다. 바로 그 순간 나의 욕심과 생각을 내려놓고 상대의 좋은 점을 인정하는 것이다. 상대의 성난 마음을 다독여 주는 것이다. "그래 알았어. 당신이 고생하고 노력한 거 인정해." "힘들었겠다. 내가 미처 생각하지 못했네. 인정할게." 이 말 한마디면 족하다. 비록 내가 억울하고 답답하더라도 이 폭풍우를 이기려면 방향키를 폭풍우와 일치시켜야 한다. 내가 주도하려고 억지로 방향키를 조작하다가는 침몰할 수 있다. 내가 인정하면 폭풍우는 사라진다. 그리고 또 다른 태양이 떠오를 것이다.

5. 설득의 기술

콘세시오

방송 시간이 늦어 급하게 운전하고 있을 때였다. 신호를 아슬아슬하게 받고 겨우 좌회전에 성공하는 순간 교통 경찰관이 보였다. 그래도 나는 안심했다. 분명 좌회전 신호를 보고 진입했기 때문이다.

그런데 웬걸? 경찰관이 차를 세우라고 손짓을 하는 것이다. 그 상황에서 당신은 어떻게 할 것인가? 평소 같으면 신호를 보고 들어왔는데 왜 그러느냐고 따졌을 것이다. 그래도 말이 통하지 않으면 시간이 없는데 정말 너무한다는 식으로 계속 설득을 했을 것이다. 그리고 100% 언쟁으로 이어졌을 것이다. 내 입장을 강요하고 상대 입장을 설득시키고자 노력을 했을 것이다.

그때 신호를 위반했다는 경찰관의 말을 들은 나는 이렇게 대답했다.

"아, 그렇습니까? 저는 신호를 보고 들어왔는데 아무튼 죄송합니다."

그리고 순순히 면허증을 제시했다. 그랬더니 놀랍게도 PDA로 무엇인가를 입력하더니 이번만 봐 준다고 가라고 하는 것이 아닌가! 다음부터 조심하라는 말도 덧붙였다.

나는 수사학자들이 즐겨 사용한 콘세시오(concessio)를 활용했다. 콘세시오는 양보라는 뜻으로 원하는 것을 얻기 위해 상대방의 주장을 인정한다는 것이다. 내가 거기서 내 주장을 펴봤자 증명할 길이 없다. 더구나 경찰 유니폼을 입은 사람에게 논리로 설득해 봐야 상대방은 기분이 상할 수도 있다. 무작정 내 의견을 강하게 어필하면 권위에 대한 도전으로 느낄 수도 있다. 어찌 보면 논쟁을 벌여봐야 나만 손해 일 수 있다는 것이다. 상대 우위를 점하기 전에 상대를 인정하는 자세가 필요하다.

한번 치열한 논쟁이 벌어지는 회의 시간과 가정에서 벌어지는 사소한 언쟁 등을 생각해 보자. 처음에는 기분 좋게 시작을 했지만, 감정이 개입되는 순간 상대를 이기려고 또는 우위를 점하려고 노력하는 나의 모습을 발견하게 된다.

수사학의 가르침은 내 의견에 상대가 동조하길 원한다면 먼저 상대방의 의견에 동조하라는 것이다. 설령 당장은 내가 원하는 것을 얻지 못한다 하더라도 상대방은 나에 대해 좋은 인상과 이미지를 가지기 때문에 큰 그림으로 봤을 때는 밑지지 않는 장사인 것이다.

심리학자 존 가트맨(John Gottman)은 9년에 걸쳐 수백 쌍의 부부를 관찰했다. 그들의 일상생활을 녹화한 후 부부 사이에 오고간 대화를 분석했는데 그 결과 성공적인 결혼을 한 부부의 특징은 자신의 실수를 흔쾌히 인정했다는 점이다. 하지만 실패한 부부는 모두 상대를 비난하고 절대로 지지 않기 위해 지루한 싸움을 벌였다는 점이다.

재미난 점은 성공한 부부나 실패한 부부 모두 싸움을 많이 했다는 점이다. 싸움의 횟수가 중요한 것이 아니라 어떻게 싸우느냐가 중요한 것이다. 싸움의 성공은 상대를 제압하는 것이지만 논쟁의 성공은 상대를 설득해 문제를 해결하는 것이다. 그러기 위해서는 우선 상대를 인정하는 양보가 필요하다.

설득의 과정을 긴 호흡으로 바라볼 필요가 있다. 너무 급하게 접근하다 보면 설득이 아니라 논쟁이 되고 논쟁은 싸움으로 변질할 수 있기 때문이다. 우리의 목표는 결국 상대를 내 편으로 만드는 것 아닌가? 그러기 위해서는 수사학자가 알려준 콘세시오, 양보의 미덕을 잊지 말아야 할 것이다.

시제 바꾸기

　남편은 소파에 기대어 TV를 보고 있고 아내는 식탁 의자에 앉아 잡지를 읽고 있다. 그때 남편이 TV 볼륨을 높인다. 아니나 다를까 아내가 소리가 크다고 핀잔을 주며 소리를 줄이라고 말한다. 관심 있는 뉴스라 살짝 키운 것뿐인데 핀잔을 들으니 남편은 기분이 좋지 않다. 심지어 자신을 무시한다는 생각이 들어 한마디 한다.

　"중요한 부분이니까 조금 보다가 줄일게."

　이에 아내가 지지 않고 응수한다.

　"당신은 늘 크게 듣잖아. 애들 자는 데 방해 된다구…."

　"내가 언제 크게 들었다고 그래?"

　이 부부는 어떻게 됐을까? TV 소리 때문에 시작된 다툼이 다른 문제로 번질 가능성이 커 보인다. 서로 간의 입장 차이만 확인한 대화였다. 표현되는 말만 가지고 서로의 마음을 추측하다 보니 오해가 생긴 것이다. 남편은 자기가 무시당한다는 생각을, 아내는 자기만 생각해 볼륨을 높이는 남편에게 문제가 있다고 생각한다. 그러다 보니 문제가 해결되기는커녕 더 복잡해지는 것이다.

수사학을 학문으로 집대성한 아리스토텔레스는 수사학을 세 가지로 구분한다. 첫 번째는 법정 수사학이다. 사건 발생의 책임소재를 가리는 스피치로 주로 과거에 집중하고 그 행동이 정당한지 부당한지 판단하게 된다. 두 번째는 송덕 수사학이다. 송덕은 공을 기리는 것인데 요즘의 축사와 같은 의미로 이것은 현재에 집중하며 칭찬을 하거나 비판을 하게 된다. 즉, 가치의 문제다. 마지막은 의회 수사학이다. 정책에 관련된 것으로 미래의 이익과 손해에 대해 선택하고 고민하는 것이다.

이처럼 수사학을 세 가지로 구분한 아리스토텔레스는 소통을 할 때 세 가지 쟁점이 발생한다고 말한다. 먼저 과거에 집착해 책임만을 따지는 문제, 현재의 느낌만을 중요시하는 가치의 문제, 그리고 마지막은 미래 선택에 대한 문제다. 보다 효과적이고 생산적인 설득을 하기 위해서는 책임소재나 가치를 따지는 것보다 미래에 집중해 선택하는 것이 중요하다고 말한다. 때로는 과거나 현재의 문제를 말하는 것도 필요하지만 다툼을 피하고 조금 더 생산적이 되기 위해서는 미래에 대해 논의하는 것이 좋다.

상대가 싫다고 가치 판단하면 상대의 안 좋은 과거만 보이고 그 내용을 바탕으로 상대를 판단하게 된다. 아리스토텔레스는 미래에 집중하는 것은 선택의 문제로 항상 정답이 있는 것은 아니라고 말한다. 정, 반, 합의 변증법으로 미래를 논의하는 과정에서 좋은 방안이 나온다고 말한다. 이는 내 의견과 상대의 의견을 고려해 더 좋은 의견을 도출하는 것을 의미한다.

다시 거실 상황으로 돌아가 보자. 남편은 단순 가치에만 집중했다. 상대의 행동을 보고 자신이 무시당한다고 생각하니 기분이 상한다. 아내는 늘 자기 위주인 남편에게 책임이 있다고 생각한다. 남편은 현재만, 아내는 과거만 바라본 것이다. 시제를 바꿔 생각을 변화시켜야 한다.

미래의 관점으로 말하는 것이 두 사람 모두에게 이익이다. TV 볼륨을 줄여달라는 아내의 요청에 남편이 "어 알았어, 방해되나? 내가 더 어떤 걸 할까?"라고 말했다면 어떻게 됐을까? 그리고 아내가 "아이들 자는데 소리가 좀 큰 것 같은데 당신은 어때요?"라고 말했으면 어땠을까? 상대를 판단하고 행동을 강요하기 전에 같이 어떤 행동을 하는 것이 좋을지 미래에 관심을 갖는 것이다. 많은 오해가 생길 수 있는 상징적인 언어를 보다 구체적이면서 미래에 집중해서 말하는 것이 훨씬 좋다.

우리는 교회 안에서도 많은 미팅과 회의를 한다. 때로는 책임 소재와 좋고 싫음에 대해 이야기해야 하지만 그 과정이 너무 지속되고 감정이 상하게 된다면 미래로 시점을 조정할 필요가 있다. "그럼 어떻게 하면 좋을까요?" 이 질문 하나가 전체 분위기를 바꿀 수 있다.

또 누군가를 설득하거나 협상할 때도 마찬가지다. 서로의 시제가 다르면 다른 생각을 하게 된다. 한 사람은 과거를 한 사람은 현재만 본다면 접점을 찾기가 어렵다. 그때는 살짝 한 발짝 물러나 미래의 관점에서 생각하는 것이 좋다.

"좋습니다. 여러 문제가 있지만 지금은 미래에 집중해 봅시다. 그럼 우리 모두에게 이익이 되기 위해서는 어떻게 해야 할까요?"

대화할 때 감정싸움만 지속되고 있는가? 회의할 때 지루한 논쟁만 계속되고 있는가? 그렇다면 시제를 바꾸는 것을 꼭 기억하자.

6

예수님의 소통과 코칭
소통 잘하는 교회가 되려면

예수님께 배우는
소통의 기술

예수님께 소통을 배워라

예수님의 소통과 코칭

예수님은 우리에게 구원을 주셨다. 그 자체로 우리는 깊은 사랑에 감동하지만 또 우리에게 보여 주신 것이 있다. 그것은 바로 소통이자 공감의 모습이다. 예수님의 존재 자체가 공감이시다. 하나님께서 인간과 눈높이를 맞추기 위해 몸소 인간의 세계에 내려오신 것이다. 예수님은 철저히 인간의 모습으로 다른 사람과의 관계를 통해 하나님의 구원 역사를 완성하고자 하신 것이다.

엄밀한 의미로 예수님은 사람들을 모으고 이끄는 리더가 아니셨다. 그분은 리더라기보다는 코치이셨다. 코치는 소통을 해야 하는 사람이다. 그리고 상호 간의 끈끈한 관계를 통해 상대방을 긍정적인 방향으로 변화시킨다. 코치의 가장 중요한 능력은 소통과 공감 능력이다. 예수님은 코치로서 소통의 진수를 보여주셨다.

코칭의 어원은 헝가리의 코치(Kocs)라는 마을에서 처음 개발

된 마차에서 유래되었다. 마차는 고객을 현재 있는 시점에서 그들이 원하는 목적지까지 이동할 수 있게 해주는 도구로 쓰였다. 집체 교육(training)의 어원인 기차(train)와 달리 코치는 개별 맞춤 서비스를 제공함으로써 목적지까지 효과적으로 도달할 수 있는 도구적 성격이 강하다. 코칭을 멘토링, 컨설팅, 카운슬링과 같은 것으로 생각하는데 그 의미는 조금 차이가 있다. 멘토링은 멘토가 가지는 경험을 통해 방법을 제공하는 것이고 컨설팅은 문제의 분석과 진단을 통해 해결책을 제시하는 것을 말한다. 카운슬링은 그동안 상대가 겪은 이야기를 통해 상대가 문제를 극복하도록 조언하는 것을 말한다. 그와 다르게 코칭은 상대의 삶에서 추구하고자 하는 목표에 초점을 두고 스스로 그 문제를 해결하도록 도와주는 것을 말한다. 즉, 코칭을 받는 사람이 스스로 성장하고 변화하도록 만드는 것이다. 또한 코치와 코치이(coachee, 코치를 받는 사람)가 서로 영향을 받아 관계를 맺는 것을 말한다. 코칭이라고 하면 주로 운동경기에서 선수들을 훈련시키고 각종 작전을 지시하는 것을 의미했는데 최근엔 사람을 변화시키는 기술을 총칭한다.

    예수님은 우리를 이끄시기보다는 우리 자신이 깨닫고 변화되기를 원하셨다. 코칭의 핵심은 소통인데 코치와 코치이가 상호작용을 통해서 서로를 신뢰하고 지속적 관계를 통해 변화를 꾀

한다.

"글로 남긴 것도 없이 3년이라는 짧은 기간 동안 길거리에서 설교한, 그리고 교육도 받지 못하고 부유하지도 못한 젊은 이가 2,000년 동안 이 세상에 살았던 그 어느 지배자나 황제, 과학자, 철학자를 다 더한 것보다 더 큰 영향을 끼쳤다."

이 말은 로널드 레이건 전 미국 대통령이 크리스마스 라디오 연설에서 한 말이다. 예수님의 소통의 결과를 단적으로 보여주는 부분이다.

정규교육을 받지도 않았고 태어난 곳에서 100마일 밖으로 나가보지도 못한 사람이 모든 나라의 문화와 언어에 2,000여 년 동안 영향을 미쳤다는 것을 생각해 보라. 예수님은 그 당시의 사람뿐 아니라 시간과 공간을 초월해 사람들, 더 나아가 인류에 큰 변화를 주셨다. 그 변화는 일시적인 것이 아니었다. 가치관의 변화를 통해 생활을 변화시키는 전인격적인 변화였다. 땅의 목적을 추구하던 사람들(로마 압제로부터의 해방, 풍요 등)에게 하늘의 목표를 가지도록 이끄셨고 그런 변화들로 세상과 소통하는(이웃을 사랑하는 방법) 이치를 알게 하셨다.

예수님은 12명의 핵심 인력인 제자에서부터 자신을 괴롭히고 미워하는 바리새인, 종교지도자들까지 변화시키셨다. 더 나아가 이스라엘 전체, 대중을 변화시키는 역할을 하셨다. 예수님은 단지 물고기를 주신 것이 아니라 물고기를 낚는 방법을 알려주신 것이다. 물고기를 잡던 사람들을 변화시켜 예수님의 전도자로 교회의 반석으로 변화시키셨다. 목마른 사람에게는 물을 주셨고, 간음하여 죽게 된 여인에게는 마음의 짐을 벗어 던지게 만드셨으며, 귀신들리고 병든 사람들에게는 병을 낫게 하셨다. 율법에 매여 진정한 가치를 보지 못하던 바리새인과 종교지도자들에게는 꾸지람으로 그들의 무지함을 깨닫게 하셨다.

이제 예수님이 인류에게 하신 코칭법을 통해 소통의 기술을 알아보자.

1단계 - 준비(단절)

의욕만으로 모든 것이 되지는 않는다. 의욕만큼 철저한 준비가 선행되어야 한다. 마음이 급하다고 무작정 일을 추진하다가는 낭패를 보게 된다. 예수님은 스스로 준비기간을 통해 하나님과의 관계를 튼튼히 하셨다. 준비기간에 예수님이 하신 것을 살펴보자.

1) 예수님은 준비하시는 기간에 세례를 받으셨다. 세례의 의미는 출발이다. 예전 사람을 벗어던지고 새롭게 태어남을 뜻한다. 30년 동안 예수님은 인간 예수로서의 삶을 사셨다. 사랑하는 부모님의 아들로서, 목수로서 자신의 삶을 충실히 살아오시다가 세상을 변화시키는 코치가 되고자 예수님은 세례를 통해 새 출발을 다짐하셨다.

예수님은 세례를 통해 자신을 돌아보시고 새로운 각오를 다지며 새로운 출발을 선포하셨다. 30년 동안 인간의 삶을 사시다가 세례를 받으며 사명을 다짐하신 것이다. 예수님은 세례요한에게 세례를 받으셨다. 세례요한은 예수님이 메시아임을 알아보고 세례를 줄 수 없음을 말하지만 예수님은 개의치 않고 세례를 받으신 것이다. 누구에게서 받느냐가 중요한 것이 아니라 세례를 통해 의지와 결심을 새롭게 하는 것이 중요하다. 중요한 것은 형식이 아니라 내용인 것이다. 인류 구원의 메시아로 이 땅에 오신 예수님이 어찌 보면 일개 선지자의 세례를 받을 필요가 없었을지도 모른다. 아니면 보다 권위 있는 방법으로 세례를 받으실 수도 있었다. 하지만 예수님은 그렇게 하지 않으셨다. 자신의 출발을 소박하지만 진실하게 하셨다.

2) 예수님은 광야로 나가셨다. 광야는 사람들이 살지 않는 황폐한 곳이다. 예수님은 왜 세례를 받자마자 곧장 황무지로 가셨을까? 그리고 금식을 하며 자신을 힘들게 하셨을까? 광야는 그동안의 안락한 생활과의 단절을 의미한다. 새롭게 거듭나기 위해서는 익숙한 것들과의 단절이 필요하다. 변화는 지금의 모습에서 다른 모습으로 바뀌는 것이다. 그만큼 우리에게 있어 광야는 중요한 것이다. 바로 새로운 변화를 시도하기 위한 훈련장이기 때문이다. 예수님은 40일

간 광야 생활을 하셨다. 그 기간 인간적 모습을 버리고 앞으로 해 나가야 할 임무를 생각하셨을 것이다. 예수님은 더 나아가 금식을 하며 육체적 시련도 견디셨다. 극단의 상황을 경험함으로써 자신의 의지를 확인하신 것이다.

3) 예수님은 시험을 받으셨다. 예전 생활과의 단절을 통해 시험과 유혹을 받게 되는데 그 유혹은 너무나 달콤해 우리의 의지를 자주 시험한다. 분명히 유혹임을 알면서도 우리는 우유부단하게 넘어가고 자신을 합리화하게 된다. 40일 금식한 예수님은 사탄의 유혹을 받게 된다. 한마디로 극한 상황이다. 인간의 몸을 입고 있는 예수님으로서는 여간 버거운 일이 아닐 수 없다. 심지어 40일 동안 금식한 상태이니 의지가 많이 약해지셨을 것이다. 하지만 예수님은 그것을 말씀으로 극복하신다.

사탄과 예수님의 대화를 살펴보자.

사탄 : 네가 하나님의 아들이면 이 돌을 빵이 되게 하라.
예수님 : 성경에는 사람이 빵으로만 사는 것이 아니라
　　　　 하나님의 모든 말씀으로 살아야 한다고 씌어 있다.

사탄 : 네가 하나님의 아들이면 성전 꼭대기에서 떨어져 봐라.
예수님 : 성경에는 주 하나님을 시험하지 말라고 씌어 있다.
사탄 : 네가 만일 나에게 절하면 모든 것을 너에게 주겠다.
예수님 : 사탄아 썩 물러가라. 성경에는 주 너의 하나님을
경배하고 그분만을 섬기라고 씌어 있다.

여기서 우리가 주목해야 할 것은 예수님이 유혹을 물리치실 때 명확한 원칙을 가지고 계셨다는 것이다. 그것은 성경에 근거한 원칙이다. 예수님은 하나님의 말씀을 그분의 원칙으로 세우고 그것에 근거하여 생각하고 행동하신 것이다. 육체적으로 힘들고 지친 상태이지만 성경의 원칙은 그분을 더욱 강하게 만들었다. 준비기간은 자기의 원칙을 세우는 기간이라고 할 수 있다. 애굽의 노예로 있던 이스라엘 민족을 애굽에서 탈출시킨 모세 역시 광야에서 연단을 받고 시험을 거쳤다.

4) 예수님은 마지막을 준비하셨다. 예수님은 자기가 언제 사람들을 떠나서 임무를 완수하게 될지 명확히 알고 계셨다. 그래서 자신이 핍박을 받을 줄 아시면서도 적지에 스스로 들어가신 것이다. 예수님은 자신의 마지막 순간까지 준비하셨다. 그런 준비성은 그분의 삶 자체가 메시지가 되는 데

크게 기여한다. 즉흥적이거나 충동적이지 않으셨으며 완성된 설계도에 따라 예수님은 자신의 삶을 꾸려 나가셨다. 3년이라는 짧은 시간을 마무리하시고 예수님은 종교지도자들이 있는 예루살렘으로 들어가셨는데, 들어갈 때도 그분은 세밀한 부분까지 준비하셨다(마 21:1-2). 그리고 제자들과 마지막 만찬을 함에 있어서도 그분은 미리 준비하셨다(마 26:18).

2단계 - 관심과 질문

"누가 내 옷에 손을 대었느냐?" 예수님의 관심을 단적으로 보여준 말씀이다. 수많은 군중 속에서 이동하던 예수님이 던지신 말씀인데 그분은 항상 모든 감각기관을 의도적으로 집중하여 주변의 작은 것까지 관심을 가지셨다. 12년째 혈우병을 앓는 여인을 보고 다가가 그녀의 마음을 어루만지시고 병을 고쳐주셨다. 우리는 바쁘거나 몸이 안 좋다고 시간이 없다는 핑계로 바로 옆에 있는 가족에게도 관심을 기울이지 못하고 있는데, 예수님은 길거리를 지나가시다가 자신의 옷을 만진 사람에게까지 관심을 나타내셨다.

우리는 소통이 왜 안 될까 고민한다. 그것은 외부의 문제가 아니라 바로 나 자신에게 문제가 있기 때문이다. 상대에 대한 진심 어린 관심이 없다면, 차이를 인정할 수 없고 소통할 수 없다. 차이만을 볼 뿐이다.

예수님은 사람들 곁으로 다가가셔서 그들에게 질문을 하시고 이야기를 들으시며 그들과의 소통을 추진하셨다. 먼저 상대를 알아야 변화시킬 수 있다는 단순하지만 매우 중요한 진리를 실천하신 것이다. 그분은 병들고 약한 사람들 곁에 다가가셨으며, 세리, 유대인, 바리새인 같은 종교지도자, 어린이와 여자들과 함께하셨다. 사람을 변화시키기 전 그들과 함께하시며 그들에게 관심을 표명하신 것이다. 관심은 질문으로 이어졌다. "너희는 나를 누구나 생각하느냐?" "왜 슬피 울고 있느냐?" "바라는 것이 무엇이냐?" 그분은 특정한 계층이 아닌 그를 적대시하던 종교 지도자들에게도 관심을 표하고 관계를 형성하셨다. 상대가 자신을 비난하고 미워하는 사람일지라도 예수님은 그들에 대한 관심을 놓지 않으셨다.

제자를 선발하는 과정도 관찰과 관심에서 시작되었다. 수제자로 알려진 베드로의 동생 안드레가 먼저 예수님을 알게 되었다. 그리고 예수님은 안드레의 추천으로 베드로를, 마을에 머무시면서 빌립과 나다나엘을 선발하셨다(요 1). 예수님은 추천을 받기 전에 그들의 모습을 관찰하셨다. 나다나엘이 "저를 어떻게 아십니까?"라고 물을 때 예수님은 "빌립이 부르기 전에 네가 무화과나무에 있는 것을 보았다"라고 대답하셨다. 성경에는 함축적으로 나와 있지만 예수님은 그분의 생각을 제대로 전파할 수 있는 핵심 인력을 주도면밀하게 관찰하셨을 것이다.

수제자인 베드로를 발탁하실 때의 모습을 보자. 게네사렛 호수에서 메시지를 전하실 때 수많은 사람이 몰려왔다. 그때 호수에 두 척의 배가 있었고 어부는 배에서 내린 후 그물을 씻고 있었다. 수많은 사람 중 예수님은 자신의 수제자가 될 인물을 주목하셨다. 어부 두 명의 모습을 지켜보신 예수님은 그의 배에 올라 말씀을 전하신 후 깊은 데로 가서 그물을 던지라고 조언하셨다. 밤새 그물을 던진 후 허탕을 친 그들에게 대화를 시도하신 것이다. 베드로와의 대화를 통해 예수님은 자신의 메시지를 명확히 전하셨다. "너는 사람을 낚는 어부가 될 것이다"(눅 5).

3단계 - 공유와 공감 (소통)

예수님의 삶 자체는 공감이다. 우선 예수님의 존재 자체가 공감 아닌가? 하나님이신 예수님께서 인간의 죄를 짊어지기 위해 그리고 인간을 위해 부족한 인간의 모습으로 이 땅에 오신 것 자체가 공감이다. 그리고 예수님은 먼저 사람들 곁으로 다가가셨다. 그들에게 끝없이 질문하시고 이야기를 들어주시며 소통을 유도하셨다. 우선 상대를 제대로 알아야 변화시킬 수 있다는 단순하지만 너무나 중요한 진리를 스스로 실천하신 것이다.

2단계에서 언급했듯이 예수님의 관심은 특정한 계층에 한정되지 않았다. 병들고 힘없는 사람들은 물론 자신을 적대시하던 종교 지도자들에게까지도 관심을 표시하며 관계를 형성하셨다. 예수님은 세리, 유대인, 바리새인 등의 종교지도자, 어린아이들과 여자들, 그 어떤 사람과도 함께하기를 꺼리지 않으셨다.

예수님은 영적인 세계를 추구하셨지만, 사람들의 육적인 욕구에 대해서도 인정할 줄 아는 유연성을 보이셨다. 예수님은

"너희가 나를 찾아온 것은 기적이 아니라 빵을 위해 온 것이다" (요 6:26)라고 말씀하시며 사람들의 욕구를 자연스럽게 받아들이셨다. 아무리 자기 생각이 옳다고 해도 상대의 욕구를 이해하지 못하면 그것은 참된 소통으로 나아갈 수 없기 때문이다. 또한 제자들이 자신의 메시지를 이해하지 못할 때면 예수님은 반복해서 내용을 설명하셨다(막 4:10, 10:10). 상대의 눈높이에 맞춘 관심과 접근 방법이라고 할 수 있다.

공감은 눈높이를 맞추는 것이다. 즉, 나의 언어를 쓰는 것이 아니라 상대의 언어를 사용하는 것이다. 철저히 상대의 입장에서 생각하도록 노력하는 것이다. 분명 나와 상대방이 하나가 될 수 없고 완벽하게 그를 이해하기도 현실적으로 어렵다. 그렇다고 상대를 아주 이해할 수 없는 것은 아니다. 완전히 이해는 못하더라도 이해하고자 하는 노력이 중요하다. 그런 과정을 통해 예전보다 상대를 더 이해할 수 있다.

예수님이 어떻게 공감하셨는지 살펴보자.

첫 번째, 예수님은 인간과 함께하심을 통해 공감하셨다. 그들 안에 거하시며 그들의 삶의 모습과 고통, 어려움을 알고 계셨다. 그렇기 때문에 공감이 가능한 것이다. 예수님의 공생애 전 30년은 어찌 보면 인간을 이해하기 위한 공감의 시간이었다. 가장 미천한 곳에서 태어나신 예수님이 가장 인간적인 환경에서 인간들과 어울리시며 인간의 삶을 살아오셨다. 그런 30년의 생애가 있었기 때문에 3년의 공생애를 성공적으로 보내셨으리라 확신한다.

예수님은 현장에서의 생활을 기꺼이 선택하셨다. 회당에서, 세리의 집에서, 뒷동산에서, 성전에서, 배 위에서, 산 위에서 등 사람이 있는 곳이라면 그곳이 어디든 가리지 않고 메시지를 전달하시고 기적을 행하셨다. 예수님의 소통 방식은 현장에서 이루어졌다. 사람들이 있는 곳에서 변화를 일으키신 것이다.

어느 날 예수님의 설교를 듣기 위해 수많은 사람이 모여들었다. 몇백 명이던 군중이 금세 몇천 명으로 불어났다. 예수님은 비유와 사례를 들어가며 열정적으로 설교에 집중하셨다. 느낄 새도 없이 시간이 흘러 저녁이 되었다. 청중의 반응을 살피던 예수님은 그들의 허기를 채워주기 위해 다섯 개의 빵과 두 마리의 물고기로 성인 남자 5,000여 명을 먹이는 기적을 베푸셨다.

두 번째, 예수님은 식사를 같이하시면서 소통을 시도하시고 공감하셨다. 함께 음식을 먹는다는 것은 그들과 눈높이를 같이한다는 의미일 것이다. 식탁 위에서는 평등하다. 같은 음식을 먹을 것이고 같은 위치에서 서로의 눈을 바로 볼 수 있을 것이다. 음식 이야기로 쉽게 마음을 열 수 있을 것이다. 그러다 함께 같은 음식을 나누며 자연스럽게 사는 이야기로 이어지게 될 것이다. 그리고 사는 이야기를 통해 서로의 모습을 자연스럽게 노출하게 되고 인간적 신뢰와 유대로 이어질 것이다. 물론 갈등이 있는 대화도 있겠지만 식사 자리에서는 더 큰 갈등을 예방할 수 있을 것이다.

드라마에서 보듯이 정말 참을 수 없는 순간에는 밥상을 뒤집지 않는가? 그것은 결국 파국을 의미하는 것이다. 갈등이 있는 가정의 모습을 보면 식사를 같이 하지 않거나 같이 하더라도 다 제각각의 모습을 보여준다. 우리도 일상생활에서 더 친근한 관계를 맺기 위해서 밥을 먹듯이 예수님은 수많은 사람과 식사를 하시며 소통하셨다. 식사는 상징적인 의미를 지닌다. 일반 사람과 제자들, 그리고 적대세력인 바리새인과 종교지도자들과 식사를 하시며 공유, 공감의 단계를 진행하셨다.

세 번째, 예수님은 또한 제자들과 공동체 생활을 하시면서 공감하셨다. 식사뿐 아니라 잠도 함께 자며 서로의 인간적인 모습을 느꼈을 것이다. 같이 생활하다 보면 불편한 일이 많겠지만 그런 과정을 통해 서로를 깊게 이해할 수 있었을 것이다. 서로에 대한 신뢰가 자연스럽게 형성되고 예수님이 승천하신 후 제자들의 행동으로 결실을 맺게 된다. 예수님의 메시지를 전하기 위해 그들은 자신의 목숨까지도 내어 놓은 것이다. 처음에는 예수님의 권위와 카리스마에 제자들과 사람들은 그의 방식에 따랐을지 모른다. 그런데 만일 예수님이 독단적인 방식으로 생활하셨다면 한 달, 그리고 1년이 지나고 사람들은 실망하며 그분을 떠났을 것이다.

하지만 예수님과의 생활은 그렇지 않았다. 성경에는 자세히 기록되어 있지 않지만 예수님은 제자들과 합숙을 통해 조율하시며 각자의 원칙을 존중하셨을 것이다. 그리고 자기의 모습을 솔직하게 보여주셨을 것이다. 오랜 시간 합숙하면 당연히 자기의 본래 모습이 나오게 되어 있다. 그런 상호조정 과정을 통해 서로를 이해하고 진정한 마음을 교류하셨을 것이다. 거기에 공감의 기술이 있다.

4단계 - 실행

메시지와 실천

예수님의 실행 방법은 크게 두 가지라 생각된다. 메시지와 실천이다. 예수님이 활동하신 3년이라는 시간 동안 많은 사람을 변화시킬 수 있었던 것은 효과적인 메시지 전달 덕분이다. 우리는 예의 바른 말을 하는 것이 중요하다는 것을 알고 있다. 하지만 바른 말에 대한 정확한 이해와 인식이 전제되지 못하면 우리의 습관이 나오게 된다. 인식의 변화가 전제되었을 때 우리의 행동도 변화하게 된다. 그것이 전제되지 못하면 언젠가는 자기의 본성이 나오게 되는 것이다.

첫 번째, 예수님은 메시지를 통해 사람들의 인식을 변화시키고자 하셨다. 율법 시대에 억눌렸던 사람들에게 구원의 새로운 의미를 전하셨으며 갈등과 투쟁의 로마 압제 시대에 평화와 용서의 메시지를 전하셨다. 당시 이스라엘 사람들은 무작정 봉기와 투쟁을 통해 세상을 변화시켜야 한다는 믿음을 가지고 있었다. 그런 생각은 갈등과 불만으로 이어졌고 로마에 대한 반감은 서로 간의 반감으로 악화되고 있었다. 가진 사람과 그렇지 못한 사람, 그리고 율법을 지키는 사람과 그렇지 못한 사람 간의 갈등은 깊어졌다. 잘못된 인식과 믿음이 사람을 더욱 힘들게 만드는 것이다.

예수님은 그런 인식을 변화시키고자 메시지를 전하셨다. 진정한 구원은 믿음이며 그것은 사랑이라는 메시지다. 그의 메시지가 사람들에게 깊숙이 전파되었기 때문에 예수님이 부활하신 후에도 오랜 시간 동안 역사를 통해 그 힘을 발휘하게 된 것이다.

그분의 메시지는 주로 비유로 이루어졌다. 무화과나무의 비유, 포도나무의 비유, 달란트 비유, 종의 비유 등 많은 비유로 메시지를 전달하셨다. 그 이유는 당시 교육받지 못한 어린이와 여자뿐 아니라 교육을 받은 바리새인, 세리 등에게 동일한 메시지를 전할 때 비유만큼 효과적인 방법이 없었기 때문이다. 또한 생활 속 사물과 사건들을 가지고 비유함으로 연상 작용이 이루어졌을 것이다.

두 번째, 예수님은 실천하셨다. 실천은 두 가지 관점에서 볼 수 있다. 우선 예수님 자신의 실천이다. 그분의 삶 자체가 메시지의 실천이었다. 소크라테스가 자신의 신념을 지키기 위해 독배를 들었던 것처럼 예수님은 자신의 신념을 위해 십자가형을 받아들이셨다. 그분은 메시지의 완벽한 외화(外化, 자신의 신념을 완벽하게 구현하는 것)였다. 낮은 곳에서 힘들고 병든 사람과 함께하셨으며 다른 사람을 용서하시고 구제하셨다. 다른 사람을 변화시키고자 한다면 자신이 먼저 변화되어야 설득력이 있다. 성실히 일하라고 하는 사장 자신이 모범을 보이지 않는다면 부하직원은 신뢰를 하지 않는다. 창의적인 아이디어가 중요하다고 하는 상사가 창의적이지 않다면 어떻겠는가? 자신의 메시지를 철저히 실천하는 모습이야말로 다른 사람을 변화시킬 수 있는 원동력이다.

또한 예수님은 사람들이 원하는 것들을 즉시 실천하셨다. 배고픈 사람에게는 먹을 것을, 위로가 필요한 사마리아 여인에게는 인간적인 위로를, 병든 사람에게는 치료를, 앉은뱅이에게는 걸을 수 있는 힘을 주셨고, 귀신들린 사람에게는 귀신을 내쫓으셨다. 도저히 변화의 희망이 보이지 않는 무리에게는 직접 행동으로 보여 주셨다.

"성전에 들어가 거기서 매매하는 사람들을 다 쫓아내시고 돈

바꿔 주는 사람들의 상과 비둘기 파는 사람들의 의자를 둘러 엎으셨다. 그리고 아무도 물건을 가지고 성전 안에 들어오지 못하도록 하였다"(막 11)라는 말씀을 보자. 기본 원칙에 어긋나고 도저히 변화의 기미가 없는 사람들에게는 직접 강한 행동으로 보여 주신 것이다.

실천의 또 다른 관점은 다른 사람이 행동할 수 있도록 여건을 만들어 주는 것이다. 소크라테스는 자신의 메시지를 일방적으로 전달하지 않았다. 그는 산파술이라는 독특한 방법으로 상대방이 스스로 답을 찾아가도록 유도하였다. 상대방의 눈높이에서 질문하고 기다릴 줄 아는 배려심과 인내심이 있었다.

어느 날 부자 청년이 예수님을 찾아온다.
"선생님, 제가 영원한 생명을 얻으려면 어찌해야 하나요?"
"계명을 지켜야 한다."
"어느 계명입니까?"
"살인하지 마라. 간음하지 마라. 도둑질하지 마라. 거짓 증언하지 마라. 네 부모를 공경하라. 네 이웃을 네 몸과 같이 사랑하라는 계명이다."
"저는 이것을 다 지켰는데요. 아직 부족한 것이 무엇인가요?"
"네가 완전한 사람이 되려면 가서 네 재산을 다 팔아 가난한 사람들에게 주어라. 그러면 너는 하늘의 보물을 얻을 것이다."

이 말을 들은 부자 청년은 심히 고민한 뒤 그 자리를 떠났다.

이번에는 다른 이야기를 살펴보자. 하루는 니고데모(요 3)라는 유대인의 의회의원이 찾아온다.

"선생님, 우리는 당신을 하나님께서 보내신 분이라고 알고 있습니다. 하나님이 함께하시지 않으면 선생님이 베푸는 기적을 아무도 행할 수 없습니다."

이 말을 들은 예수님은 "내가 분명히 말한다. 누구든지 다시 나지 않으면 하나님의 나라를 볼 수 없다"고 말씀하신다.

이것은 니고데모에게 큰 충격이 된다. 자신이 알고 있는 지식으로는 다시 태어난다는 말을 이해할 수 없었기 때문이다. 예수님은 충격요법으로 니고데모의 호기심을 자극하신다.

니고데모가 다시 묻는다.

"사람이 늙으면 어떻게 다시 태어날 수 있습니까? 어머니 뱃속에 다시 들어가 태어난다는 말입니까?"

그때 예수님은 "누구든지 물과 성령으로 거듭나지 아니하면 하나님 나라에 들어갈 수 없다"고 대답하신다.

다시 태어남 즉, 인식의 변화를 통한 생활의 변화가 중요함을 알려준 메시지다.

이처럼 예수님은 사람들과 대화와 질문을 통해 그들 스스로 생각하고 행동할 수 있게 이끄셨다.

훈련을 통한 소통

예수님이 제자들을 훈련하는 방법에서도 체계적인 소통의 기술이 들어가는데 잠시 살펴보자.

첫 번째, 예수님은 제자들에게 권한을 부여하셨다. 공감의 단계에서 예수님 자신이 역할모델이 되어 제자들에게 권한을 부여하신 것이다. 그것은 귀신을 쫓고 병을 고치는 능력이었다. 코칭은 일방적으로 사람을 이끌고 가는 리더와 다른 의미를 가지고 있다. 우선 상대방에게 능력이 있음을 인정하는 것에서 시작한다.

초등학교에 갓 입학한 아이에게 부모는 처음부터 끝까지 신경을 써주다가 학년이 올라갈수록 스스로 공부하도록 여건을 만들어 준다. 스스로 공부하는 시간과 방법을 선택하도록 권한을 부여하는 것이다. 대학에 가서도 부모가 모든 것을 간섭한다고 생각해 보자. 그 학생은 자립적인 능력을 가지기 어렵다.

정확히 알 수는 없지만 마태, 마가, 누가, 요한복음이 예수님의 탄생부터 죽음까지 시간의 흐름으로 쓴 것으로 미루어 볼 때 예수님이 제자들에게 권한을 부여한 것은 1/3 정도(눅 9:24, 막 6:16)의 시간이 흘렀음을 추측할 수 있다. 즉, 제자와 함께할 수 있는 3년의 세월 중 약 1년의 세월이 흐른 후 그들에게 권한을 부여하신 것이다.

두 번째, 처음 훈련 시 세밀한 지침을 알려 주셨다. 개인 매뉴얼을 나누어 주신 것이다. "너희는 여행을 위해서 아무것도 가지고 가지 마라. 지팡이나 가방이나 식량이나 돈이나 여분의 옷을 가지고 가지 마라. 어느 집에 가든지 그곳을 떠날 때까지 그곳에 머물러라. 만일 사람들이 너희를 영접하지 않는다면 그 마을을 떠날 때 신발에 묻은 먼지를 떨어 그들에 대한 증거를 삼아라"(눅 9:1-5)는 말씀을 보자. 극한의 상황에서 예수님이 알려주신 지침을 가지고 문제를 해결하게 하신 것으로 볼 수 있다.

세 번째, 권한 부여 후 평가하셨다. 2명씩 짝을 지어 파송한 후 보고를 받고 어떤 문제가 있는지 지적하셨다. 때로는 화를 내기도 하셨다. 그리고 "사도들이 돌아와 자기들이 한 모든 일을 보고하자 예수님은 그들을 데리고 따로 벳새다라는 마을로 가셨다"(눅 9:10)는 말씀을 통해 제자들에게 다시 한 번 메시지를 전하신 것을 알 수 있다. 평가에 대해서는 5단계에서 자세히 보겠다.

네 번째, 경쟁 시스템을 도입하셨다. 12명의 제자 중 베드로,

요한, 야고보를 데리고 산에 올라가 기도하신 후 내려왔을 때 제자들 사이에서는 누가 더 위대한지 논쟁이 불거졌다. 어린아이의 비유를 드시며 너희 중에 가장 작은 자가 가장 위대하다고 말씀하셨지만, 제자들 간의 논쟁은 쉽게 가시지 않았을 것이다. 예수님은 선의의 경쟁을 생각하셨을 것이다. 그분이 12명 모두에게 자극을 줘서 서로 상승효과를 낼 수 있도록 유도하셨다고 생각한다.

다섯 번째, 휴식을 주셨다. "사도들이 예수께 모여 자기들이 행한 것과 가르친 것을 낱낱이 고하니 이르시되 너희는 따로 한적한 곳에 가서 잠깐 쉬어라 하시니 이는 오고 가는 사람이 많아 음식 먹을 겨를도 없음이라"(막 6:30-31)는 말씀을 보자.

이처럼 예수님은 임무를 마치고 돌아온 제자들에게 육체적 피로를 풀기 위한 휴식을 권하셨다. 적절한 휴식은 재충전의 기회가 된다.

5단계 - 평가

　예수님은 그분의 메시지를 강요하지 않으셨다. 사람들이 직접 느끼고 판단하도록 하셨다. 그분이 하실 수 있는 모든 방법을 동원하여 메시지를 전하시고 실천을 하신 후 그들의 변화를 기다리셨다. 하지만 그냥 방치하지는 않으셨다. 예수님은 평가를 통해 사람들의 행동을 판단하셨다. 판단의 수위도 상대방이 어떤 수준인지에 따라 달랐다. 메시지는 동일하였지만 메시지를 얼마나 받아들일 수 있는 사람들인지에 따라 평가를 달리하신 것이다.

　핵심 세력인 제자들의 평가 방식은 철저하게 이루어졌다. 예수님이 그들에게 권한을 부여하신 후 그것을 제대로 수행하지 못한 경우에는 꾸짖기도 하셨으며 왜 그런 문제가 발생하였는지 자세히 설명해 주셨다. 병 걸린 아이를 고치지 못한 제자들을 보시고 예수님은 다음과 같이 말씀하신다.

　"믿음이 없는 세대야, 내가 언제까지 너희와 함께 있어야 하겠느냐? 너희를 보고 내가 언제까지 참아야 하겠느냐? 아이를 데리고 와라."

그리고 병을 고치는 모습을 제자들 앞에서 보이신 후 방법을 다시 설명하셨다. 또한 이어서 그분의 메시지를 전함으로 제자들이 직접 느끼도록 하셨다. 그리고 예수님은 곧 제자들을 떠날 것을 암시함으로써 제자들이 더 발전하도록 격려하셨다. "이 말을 너희 귀에 담아 두라 인자가 장차 사람들의 손에 넘겨지리라"(눅 9:44) 하고 말씀하셨다. 예수님도 자신이 떠날 것을 아셨고 제자들의 자립적 능력을 키워주기 위해 그분이 떠날 것이라고 은연중에 제자들에게 이야기하셨다.

예수님이 메시지를 충분히 전달하시고 행동을 보이신 지역에서 사람들의 변화가 없으면 강하게 꾸짖고 문제를 제기하셨다. "화 있을진저 고라신아 화 있을진저 벳새다야 너희에게 행한 모든 권능을 두로와 시돈에서 행하였더라면 그들이 벌써 베옷을 입고 재에 앉아 회개하였으리라"(마 11:21)고 강한 메시지를 전하셨다. 그러고 난 후 "수고하고 무거운 짐 진 자들아 다 내게로 오라 내가 너희를 쉬게 하리라"(마 11:28)고 하셨다.

또한 예수님은 부활하신 후 다시 제자들에게 세 번에 걸쳐 나타나 그들이 얼마나 변화되었는지 확인하셨다. 예루살렘에서 엠마오로 가는 두 제자에게 나타나셨고(눅 24:13) 제자들이 모인

곳에 모습을 보이셨다(요 20-21). 그리고 의심 많은 도마라는 제자에게는 확인을 시켜주셨다. 예수님은 제자들과 식사를 같이 하시며 그들과의 마지막 소통의 시간을 가지셨다. 그리고 수제자 베드로에게 다짐을 받으셨다. 예수님의 메시지가 제자들에게 어떻게 전달되었는지 3년간의 결실을 세 번에 걸쳐 물어보시며 확인하셨다.

"그들이 조반 먹은 후에 예수께서 시몬 베드로에게 이르시되 요한의 아들 시몬아 네가 이 사람들보다 나를 더 사랑하느냐 하시니 이르되 주님 그러하나이다 내가 주님을 사랑하는 줄 주님께서 아시나이다 이르시되 내 어린 양을 먹이라 하시고 또 두 번째 이르시되 요한의 아들 시몬아 네가 나를 사랑하느냐 하시니 이르되 주님 그러하나이다 내가 주님을 사랑하는 줄 주님께서 아시나이다 이르시되 내 양을 치라 하시고 세 번째 이르시되 요한의 아들 시몬아 네가 나를 사랑하느냐 하시니 주께서 세 번째 네가 나를 사랑하느냐 하시므로 베드로가 근심하여 이르되 주님 모든 것을 아시오매 내가 주님을 사랑하는 줄을 주님께서 아시나이다 예수께서 이르시되 내 양을 먹이라"(요 21:15-17).

소통하는 교회가 되려면

출석 교회를 옮긴 지 얼마 되지 않았을 때 일이다. 여러 가지 일로 마음이 무겁고 답답했다. 예배가 있던 날, 조용히 하나님과 교제하고 싶은 생각이 들어 본당 2층 맨 뒷줄 구석진 자리에 앉아 있었다. 그때 안내위원으로 보이는 한 분이 내게 오시더니 앞자리로 가라는 사인을 했다. 나는 정중하게 중간에 일이 있어 나가야 한다고 말을 했는데도 계속 그 자리에 서 계시면서 앞자리로 옮기라고 압박을 주시는 것이었다. 심신이 피로했던 나는 일방적인 그분의 태도가 몹시 불편해서 한마디를 했다.

"저는 여기서 예배를 드리고 싶습니다. 안 되나요?"

그랬더니 그분이 이렇게 대답했다.

"그럼 제가 여기 왜 있나요? 참나."

지친 마음을 이끌고 교회에 왔는데 또 다른 스트레스와 직면하게 되었다. 물론 그분이 자신의 역할에 충실한 것을 나무랄 수는 없다. 하지만 조금 더 유연하게 대처해주셨으면 어땠을지,

여러 가지 형편과 상황이 다른 사람들의 심정을 살펴주셨으면 어땠을지 하는 아쉬움이 컸다. 교회가 어느 정도 규모를 갖게 되면 이런저런 봉사할 일이 많아진다. 자신의 생업으로 분주한 평일을 보내고 편히 쉬고 싶은 주일에 교회에서 봉사까지 하는 것만으로도 훌륭한 일이다.

하지만 때로는 봉사와 직분을 혹 권위로 생각하지 않는지, 그래서 자신의 임무에 충실하고자 한다는 명분으로 너무 힘이 들어가지 않는지 돌아볼 일이다. 명예로 생각하지 않는지, 그리고 자기 뜻대로 안 되면 기분이 상하지 않는지 고민해 봐야 한다. 사실 나도 어릴 적부터 교회에 출석했고 그 안에서 여러 일을 하며 마음속에 그런 생각을 했던 적이 있었다. 그날 새로운 교회에서 받은 마음의 답답함과 상처로 인해 나는 한동안 예배당 2층으로 올라가기가 꺼려졌었다. 만약 교회에 처음 나온 사람이거나 초신자가 그런 경험을 했다면 정말 큰 상처를 받았을 것이다.

교회는 분명 세상의 조직과 다르다. 그러나 언제부터인가 세상을 닮아가고 있는 느낌을 지울 수 없다. 물론 세상의 방식이 모두 잘못됐다는 것이 아니다. 하지만 예수 그리스도라는 본질이 훼손되는 교회는 결코 교회일 수 없다. 자주 자신의 생각을 예수님의 생각이라고 착각하는 오류와 교만에 빠지는 것을 나를 비롯해 크리스천들은 유의해야 한다. 나 중심에서 벗어나는 것이 하나님 중심의 삶의 시작임을 우리는 너무 잘 안다. 예수 그리스도와의 끊임없는 소통을 통한 자기 점검과 반성이 필요하다.

한 목사님의 설교를 잊을 수 없다. 그 목사님은 대형교회에서 부목사님으로 섬기시다가 신도시에서 개척을 하신 분이다. 그분은 교인이 많아지는 것을 경계하신다. 스스로 섬길 수 없다고 믿기 때문이다. 그래도 수만 명의 교회로 성장했는데 건축을 하기보단 그 헌금으로 다양한 선교활동을 통해 귀감을 얻고 있는 교회다.

2015년 부활절 예배 때 일이다. 설교의 내용은 신앙의 위기에서 버텨야 한다는 주제였다. 한국교회의 어려움이 많은 요즘 당신에게 한국교회를 이끌고 갈 비전을 제시하고 리더 역할을 하라는 요청을 받는다는 말씀을 하시며 지금은 누가 누구를 이끌기보다 하나님 앞에 두렵고 떨리는 마음으로 버티는 것이 중요하다고 말씀하셨다. 그리고 말씀을 이어가신다. 학교 강당에서 예배를 드리다 보니 음향에 문제가 생기는 경우가 많았는데 예산으로 몇억이 든다는 보고를 받았고 마음이 불편하셨다고 한다. 재정 담당 목사님이 돈이 없어 어렵다는 말씀을 하셨는데 음향 문제 하나 해결 못 하는 모습을 보며 마음이 복잡하셨다는 것이다. 그리고 공교롭게도 미자립교회 목사님 사례금으로 매달 250만 원씩 십여 개 교회를 지원하고 있었는데, 지원이 끝나고 그에 대한 감사예배 시기와 겹쳤다. 이해는 되는데 자꾸만 세상적인 생각이 들어 마음이 불편하셨다는 것이었다. 시간이 흘러 2년 동안 지원받은 미자립교회 목사님들의 감사예배 날이 되었고, 그 목사님이 예배 직전 한 분과 말씀을 나누셨는데 그 자리에서 무너지고 마셨다는 이야기였다.

예배 직전 한 미자립 교회 목사님이 하신 말씀이다.

"목사님. 사실 목회를 그만두려고 하다가 매달 250만 원 지원한다는 소식을 듣고 하나님의 뜻인 줄 알고 다시 시작할 수 있었습니다. 그리고 당시 30명이던 교인이 이제는 100명이 다 되어갑니다. 그리고 목사님! 사실 지원해 주신 250만 원 중 100만 원은 생활비로 쓰고, 나머지 150만 원은 교회 재정으로 썼습니다. 다시 한 번 감사합니다."

강단에 서신 그 목사님은 울먹이셨다. 똑같이 안수받은 목사인데, 한 목사는 음향 문제 때문에 마음이 불편하고 한 목사님은 사례금을 하나님의 일을 위해 다시 쓰는 모습 속에서 자신의 부족함을 보셨다는 것이다. 그 목사님은 자신이 완벽하지 않다는 사실, 하나님과의 끊임없는 관계가 없다면 자신도 실족할 수 있다는 것을 알고 계셨고 그 두려움으로 목회를 하고 계셨다.

대형교회가 많은 지적을 받고 있는 것도 사실이지만 외형의 문제가 아니라 목회자의 마음과 태도, 하나님과의 소통, 함께하는 이들과의 소통이 결국 더 중요한 것임을 보게 된다.

영국의 인류학자인 로빈 던바(Robin Dunbar) 교수는 '던바의 법칙'을 주장했는데 사람이 연락하고 관계를 맺을 수 있는 사람이 150명 안팎이라는 것이다. 그리고 그중에 실질적으로 내밀하게 교류하는 사람들은 20명 안쪽이라고 주장한다. 원시부족의 인원이 150명 안쪽이었다는 사실을 근거로 제시한다. SNS에 수많은 사람을 만나지만 모두와 진정한 소통을 하는 것이 아니다.

이 법칙에 따르면 대형교회에서 많은 교인과 모두 친밀하게 교류할 수 있을지 의문이다. 인간 소통의 핵심은 면대면 커뮤니케이션이다. 즉, 얼굴을 맞대고 이야기해야 한다는 것이다. 그런데 교회가 커지면서 다양한 이벤트는 넘치지만 교인은 소외되는 부분이 있다.

교회는 예수 그리스도 안에서 소통의 공간이 되어야 한다. 그 말은 친밀한 교류를 통한 정서적 유대감이 있어야 한다는 것이다. 또 사람 간에 갈등이 있을 수밖에 없는데 갈등의 문제 발생 시 그것을 지혜롭게 해결하는 소통의 장이 있어야 한다. 교회는 사회적 모범이 되어야 한다. 그런데 세상과 다르지 않고 심지어 더 심한 다툼이 난다면 하나님이 슬퍼하실 것이다. 하나님의 교회는 소통의 공간이다.

그러기 위해서는 나와의 소통, 하나님과의 관계가 바로 서야 한다. 그것이 기본이다. 교회의 모든 구성원이 봉사하고 친교하는 것보다 더 앞서 고민해야 할 것이 바로 하나님과의 신뢰회복이다. 그것이 되었다면, 아니 완벽하게 되진 않더라도 노력하는 중이라면 이제는 바로 내 옆에 있는 교인을 바라봐야 한다. 공감력을 가지고 상대의 언어를 배우고 통로를 만들기 위해 노력해야 한다. 그리고 마음만 주지 말고 적절한 표현으로 지속적인 관계를 유지해야 할 것이다. 나와의 소통 - 공감력 - 스피치(표현)라는 소통의 삼각형을 꼭 기억하자.

소통 전문가로서 마지막으로 몇 가지 조언을 드리고자 한다.

1) 의도하거나 추측하지 말자

다시 강조하지만 나의 생각을 하나님의 생각이라고 착각하지 말자. 커뮤니케이션의 가장 중요한 능력 중 하나는 객관화 능력이다. 상황을 있는 그대로 받아들이는 것이다. 여우와 두루미의 우화에서 봤듯이 두루미의 우를 범하지 말자. 또 내 신앙의 기준으로 상대를 판단하지 말자. 모태신앙이라고 교회를 몇 년 다녔다고 신앙의 우위에 있다는 생각은 교만이라 생각한다. 우리는 불교처럼 계단식으로 득도하는 것이 아니라 언제나 늘 깨어 있어야 한다.

2) 부단히 노력하자

예수님은 공생애를 통해 사람들과 소통하려고 부단히 노력하셨다. 광야, 들판, 성전, 그리고 집에서 예수님은 때를 얻든지 못 얻든지 소통하기 위해 노력하셨다. 병자, 사마리아인, 바리새인, 어린이, 여자 등 신분을 가리지 않고 그들의 생활 속으로 들어가서 경청하고 관찰하셨다. 자기중심적으로 살아온 우리는 생활 속에서 최선을 다해야 한다. 교회 안의 생활에 익숙하지 못한 새신자들을 살펴야 한다. 내 방식으로 이끄는 것이 아니라 새신자의 입장에서 생각하고 배려해야 한다. 앞서 살펴본 성격의 유형을 참고해도 좋을 것이다.

3) 본질에 충실하자

내가 중·고등부 학생회장 시절에는 솔직히 회장직을 명예라고 생각했다. 회장직을 명예라고 생각하니 내 뜻대로 되지 않으면 불편했다. 회의도 내가 생각하는 방식으로 가기를 바랐던 것 같다. 교회 안의 직분과 봉사를 어느 순간부터 나의 위치로 착각하지 않았나 반성하게 된다. 본질은 예수님과의 관계다. 자기를 드러내는 것이 아닌 하나님이 드러나야 하지만 부족한 인간은 늘 자기중심적으로 생각하기 쉽다. 교회 안에서 내 뜻대로 되지 않는다고 마음이 불편하다면 자기중심적으로 생각하는 것이다. 특히 어떤 분들은 교회를 조직으로 생각하고 장로와 권사를 직위나 직급으로 생각해 그 자리에 올라가기 위해 노력하는 모습을 보게 된다. 예수 그리스도가 주인이신 교회라는 본질을 기억하자.

4) 회의할 때 소크라테스와 유재석이 되자

소크라테스와 유재석의 공통점은 아무런 조건 없이 상대를 있는 그대로 인정한다는 점이다. 소크라테스의 산파술은 상대 맞춤형으로 질문을 한 것이다. 인류 최고의 철학자 소크라테스는 자기의 생각을 성급히 말하기보다는 상대를 인정하고 기다려줬다. 그리고 유재석이 진행하는 방송을 보면 편하다. 특히 방송 경험이 없는 사람이 가장 선호하는 진행자다. 왜냐하면 무슨 말을 해도 그가 잘 받아 주기 때문이다. 면박이나 무시하지 않고 상대가 좋은 평가를 받도록 노력하는 것이다. 그는 적절한 리액션을 통해 상대를 인정해 준다. 교회 안에서 수많은 회의가 있는데 질문을 잘한 소크라테스와 좋은 반응을 보여준 유재석을 생각하자. 그리고 과거의 책임 문제와 현재의 느낌보다는 미래의 시각으로 함께 지혜를 모으는 회의 촉진자가 되자.

5) 소통의 언어를 익히자

교회 안의 구성원들은 서로 선한 영향력을 끼치며 밀어주고 끌어주는 관계가 되어야 한다. 우선 하나님과의 바른 관계를 유지하기 위해 서로를 격려해야 하며 세상에서 받은 스트레스와 어려움을 같이 나누고 고민하는 소통의 장이 되어야 한다.

가장 중요한 소통의 언어는 공감의 언어일 것이다. 그것은 상대의 언어를 배우는 것이다. 이 책을 통해 계속 강조한 내용이다. 공감의 언어와 같이 중요한 것은 역시 반응의 언어다. 적절한 반응을 통해 상대를 인정하고 정서적 유대감을 유지해야 한다. 이 두 가지가 가장 기본적인 소통의 언어다. 또 중요한 소통의 언어로 언행일치의 언어가 필요하다. 가끔 교회 다니는 사람은 말만 잘한다는 비판을 받곤 한다. 나의 진심이 상대에게 전해지기 위해서는 말만으로는 부족하다. 나의 말과 행동이 일치하는 것이 수많은 표현보다 중요하다.

사람들은 종종 스피치의 기술적인 면에서 스티브 잡스와 빌 게이츠를 비교한다. 스티브 잡스는 만화책을 읽어주듯이 쉽고 재미있게 말한다. 반면에 빌 게이츠의 스피치는 무겁고 답답하며 지루하다. 하지만 시간이 지나면서 더 높게 평가받는 스피치는 빌 게이츠의 것이다. 왜냐하면 그의 스피치 주제와 행동이 상대적으로 더 일치하기 때문이다. 사회적 기부와 문제를 말하며 그가 직접 실천하고 있기 때문이다.

  또 다른 중요한 소통의 언어는 사과의 언어다. 자신이 잘못하고 부족하다고 인정하는 것은 상대와의 정서적 균형감을 유지하는 데 중요하다. 강단에 선 목사님이 본인은 절대로 실수하지 않는다고 말씀하시는 것보다 자신도 부족하다고 자기 고백하시는 것이 더 깊은 울림을 준다. 사과는 구체적이어야 하는데 내가 어떤 일을 잘못했는지 인정하고 다음번에 그러지 않을 것임을 선언해야 한다. 두루뭉술하게 유감을 표현하는 것은 진정한 사과가 아니다. 마음이 담겨있다면 실천도 따라야 한다.

  교회는 세상 어떤 조직과 공동체보다 유기적으로 소통해야 하는 곳이다. 성도로서 성도의 본분을 다하고 또한 하나님의 뜻을 민감하게 발견하고 실행하려면 수직적, 수평적 소통의 법칙을 철저하게 훈련하고 연습해야 한다.

  너나없이 부족하고 연약한 죄인이라서 문제를 일으키며 사는 것이 우리의 본모습인지도 모른다. 그러기에 먼저 스스로 돌아보고 이웃하는 이들과 소통의 통로를 끊임없이 만들어감으로써 진보하는 크리스천의 삶을 사는 우리가 되기를 기도한다.

에 필 로 그

소통의 두 가지 중심 가치는 **공감과 신뢰**다. 공감은 같은 눈높이로 함께 바라보는 것을 말하며, 신뢰는 지속성을 가지고 꾸준히 믿어주는 것을 말한다. 소통이신 하나님은 태초에 인간과의 관계를 위해 공감과 신뢰의 가치를 주셨다. 공감은 우리 인간을 **하나님 자신의 형상을 따라 만드신 것을 의미하며, 신뢰는 선악과를 세워 그분을 믿고 기억하라는 뜻이었다.** 하지만 나약하고 미욱한 인간은 하나님과의 신뢰를 스스로 저버린다. 그럼에도 공감과 신뢰의 하나님은 끊임없이, 부단히, 꾸준히 인간과의 관계 회복을 위해 인류 역사를 통해 개입하시고 관여하셨다. 그리고 자신을 배신하고 신뢰를 저버린 인간에게 주신 최고의 소통 선물은 바로 예수님이다. 예수님은 **하나님 자신의 공감이며, 아직도 부족한 인간을 사랑하고 계시다는 신뢰의 징표다.**

지금 이 시간에도 하나님은 부족한 우리를 향해 두 팔을 벌려 소통의 관계 회복을 기다리고 계실 것이다. 소통은 하나님께 속한 것이다. 하나님이 주신 또 다른 신뢰의 징표인 성경 말씀을 붙잡고 하나님과의 지속적 관계 회복을 위해 애써야 한다. 우리가 바로 곁에 있는 사람을 향해, 완벽히 실천할 순 없더라도, 하나님이 우리를 위해 하신 것처럼 부단히 노력할 수는 있다. 그것이야말로 하나님이 우리에게 바라시는 신뢰의 징표가 아닐까 생각한다.

사명선언문

너희가 흠이 없고 순전하여……세상에서 그들 가운데 빛들로
나타내며 생명의 말씀을 밝혀 _ 빌 2:15-16

1. 생명을 담겠습니다
만드는 책에 주님 주신 생명을 담겠습니다.
그 책으로 복음을 선포하겠습니다.

2. 말씀을 밝히겠습니다
생명의 근본은 말씀입니다.
말씀을 밝혀 성도와 교회의 성장을 돕겠습니다.

3. 빛이 되겠습니다
시대와 영혼의 어두움을 밝혀 주님 앞으로 이끄는
빛이 되는 책을 만들겠습니다.

4. 순전히 행하겠습니다
책을 만들고 전하는 일과 경영하는 일에 부끄러움이 없는
정직함으로 행하겠습니다.

5. 끝까지 전파하겠습니다
모든 사람에게, 땅 끝까지, 주님 오시는 그날까지
복음을 전하는 사명을 다하겠습니다.

서점 안내

광화문점 서울시 종로구 새문안로 69 구세군회관 1층
02)737-2288(T) 02)737-4623(F)

강남점 서울시 서초구 신반포로 177 반포쇼핑타운 3동 2층
02)595-1211(T) 02)595-3549(F)

구로점 서울시 구로구 시흥대로 577 3층
02)858-8744(T) 02)838-0653(F)

노원점 서울시 노원구 동일로 1366 삼봉빌딩 지하 1층
02)938-7979(T) 02)3391-6169(F)

분당점 경기도 성남시 분당구 황새울로 315 대현빌딩 3층
031)707-5566(T) 031)707-4999(F)

신촌점 서울시 마포구 서강로 144 동인빌딩 8층
02)702-1411(T) 02)702-1131(F)

일산점 경기도 고양시 일산서구 중앙로 1391 레이크타운 지하 1층
031)916-8787(T) 031)916-8788(F)

의정부점 경기도 의정부시 청사로47번길 12 성산타워 3층
031)845-0600(T) 031) 852-6930(F)

인터넷서점 www.lifebook.co.kr